네
마음을
들어줘
"

승한 지음

마음을 담은 추천의 글

⊛ 우리들의 이야기

이 책은 학생들보다 어른들이 더 많이 읽어야 할 것 같습니다. 학생들의 문제를 학생들에게서만 찾을 것이 아닙니다. 학생들을 바꾸기 위해서는 어른들이 먼저 바뀌어야 한다고 생각합니다. 어른들이 이 책을 읽고 학생들의 고민을 잘 살펴보고 승한 스님이 이 책에서 제시한 여러 가지 조언과 불교 수행을 배운다면 학생들의 문제를 해결하고, 더 나아가 우리 사회도 밝게 바꿀 수 있지 않을까요? _고현재(서울 중원중 3학년)

'좋은 친구를 고르는 법이 있나요' 편은 나 자신이 정견을 가지고, 정업을 갖추면 좋은 친구를 만날 수 있다는 지극히 올바른 가르침입니다. 새삼 마음이 가라앉으며 차분히 나를 돌이켜보는 계기가 되었습니다. 혼자 속으로 타인에 대해 오해를 쌓지 말고 대화를 시도하는 노력을 기울이면 친구를 얻을 수 있다는 확신이 서고 노력해보아야겠다는 생각이 듭니다. '어떻게 하면 자신감을 가질 수 있나요' 편은 성격적으로 자신감이 결여된 친구의 사연이지만 자기 안의 장점을 발견하여 이를 고맙게 여기는 심성을 길러야겠다는 생각을 하게 됩니다. 또한 스스로 자

4

기 자신을 사랑하며 자신감을 가질 수 있도록 용기를 주는 글입니다. 자신감이 없을 때마다 꺼내보며 습관을 길러야겠다는 생각이 듭니다.

_이동연(서울 보인고 3학년)

⊙ 추천사

이 책을 읽으면서 옛 생각을 하게 된다. 오래전에 나도 십여 년간 고등학교에서 교편을 잡았다. 생각해보면 못 먹고 가난했지만 그 시절의 청소년이 더 행복했다. 오늘날의 청소년은 어떤가? 사정이야 어떻든 처한 현실에 적응하지 못한 나머지 심리적 재난을 겪고 있는 아이들이 너무 많은 것 같다. 마음이 아프다. 이 책을 읽으면서 그나마 안도의 한숨을 쉬게 된다. 이 책은 많은 청소년들에게 희망찬 에너지를 주리라 확신한다. 이 시대의 모든 청소년은 물론이요, 혈기 넘치는 청소년을 가족으로 두고 있는 모든 어른들에게 감로수와 같은 인문학이 될 것이다. _용타 스님(경남 함양 동사섭 행복마을 이사장)

마음 깊은 곳에는 강물이 흐릅니다. 지긋한 눈으로 그 강물을 찬찬히 들여다보면 우리가 온 곳과 가 닿을 곳이 드러납니다. 강물 밑에서 서로 부딪치며 만들어지는 수많은 물결의 무늬를 볼 수 있습니다. 저자가 이끄는 대로 고요히 자신의 내면을 바라보면 지금의 고민과 어려움도 물 흐르듯 자연스럽게 흘려보낼 수 있을 거라는 생각이 듭니다. 방황하는 청소년에게 꼭 이 책을 선물하고 싶습니다.

_이민규(아주대 심리학과 교수. 『끌리는 사람은 1%가 다르다』 저자)

꿈이 없는 사람이 없듯, 고민이 없는 삶도 없습니다. 세상 사람 누구도 이 법칙에서 예외일 수 없습니다. 그것이 바로 우리가 함께 서로의 꿈을 나누고 서로의 고민을 보듬어야 하는 이유입니다. 청소년의 절실한 고민과 그 안에 숨은 근원적인 문제를 함께 이야기하고 생각해보도록 도와주는 이 책은 그래서 더 반갑습니다. _이나미(신경정신과 전문의)

누군가 꿈을 꾸는 한, 그는 아직 가슴에 꼭꼭 눌러 담은 무언가를 잃지 않은 사람입니다. 인생이란 도화지에 아직 그릴 공간이 남아 있는 사람이기 때문입니다. 대학을 다닐 때부터 오랫동안 알고 지낸 승한 스님은 그래서 늘 푸근하고 행복해 보입니다. 스님이 꿈꾸고 상상하는 학교에는 그를 닮은 따사로운 텃밭과 푸근한 느티나무가, 넉넉한 도화지를 곱게 말아 든 아이들이 가득하리라 믿습니다. 이 책이 아이들의 성장을 도와주고 껴안는 참으로 맑은 햇살이 되기를 바랍니다. _안도현(시인)

모두가 행복한 학교를 만들 수 없을까 늘 고민해왔습니다. 아이들과 부모, 교사가 손을 맞잡고 행복하게 웃는 학교 말입니다. 결코 쉽지 않은 일이겠지만, 또한 결코 포기할 수 없는 꿈이기도 합니다. 아이들의 꿈이 오롯이 살아 숨 쉴 수 있는 학교, 아이들과 삶으로 함께하는 교사,

그들을 지지하는 학부모들이 그 꿈을 위해 함께 걸어갔으면 좋겠습니다. 승한 스님의 책이 그 길에 든든한 동반자가 되어주리라 믿습니다.

_이범희(경기도교육청 교원정책과장, 전 경기도 용인 흥덕고 교장)

학교에서는 외로울 때, 자살하고 싶을 때, 가출하고 싶을 때, 꿈이 없을 때, 거짓말을 하고 싶을 때 어떻게 대처해야 하는지 왜 가르치지 않을까? 학교에서는 현재는 수단이며 미래만이 목적이라 가르친다. 종교도 마찬가지다. 현재의 삶은 미래를 위한 소망에 불과하다고 한다. 그러나 우리 아이들은 지금을 살기 원한다. 공부, 왕따, 자살 충동, 친구, 성격, 가출, 이성 문제, 미래 문제, 부모와의 관계 등 오늘 부딪치는 현실에 대한 답을 듣고자 한다. 승한 스님은 학교에서 가르쳐주지 못한 우리 아이들의 고민에 대한 해답을 주옥같은 법문으로 일깨우고 있다.

_조현주(경남 거창 샛별중학교 교장)

세상에서 가장 심각한 문제는 '내 삶의 문제'입니다. 세상을 향해 홀로 서기를 준비하는 십대 청소년은 이 힘든 문제를 어떻게 풀어갈까요? 학교에 가서? 승한 스님의 『네 마음을 들어줘』는 깊은 영적 통찰력으로 내 안의 존재를 일깨워 문제의 본질과 마주하도록 합니다. 지금까지 알고 있던 '앎'을 넘어서 살아 숨 쉬는 '삶' 속에서 스스로 문제를 해결할 수 있는 승한 스님의 특별한 학교로 여러분을 초대합니다.

_이윤상(성야고보회 목사)

오래전 같이 근무하던 동료와 화합하기 어렵고 비상식적인 일로 분노하게 되면서 학교 가는 것이 무섭고 싫었다. 힘든 나날이었다. 벗어나기 위해 노력했지만 답을 찾기 어려웠다. 답은 내 안에 있다는 것을 심한 마음앓이 뒤에 배웠다. 오늘도 학교에 간다. 교사와 아이들은 같으면서 다르다. 모두 다 인생이라는 길 위에 있다는 사실은 같지만 그 길에서 만나는 경험이 다르다는 것. 사람은 진정성을 가진 만남이 있어야 변한다. 누구나 마찬가지다. 『네 마음을 들어줘』는 움츠린 아이들의 마음을 토닥토닥 어루만져준다. 너는 소중하다고. 조용히 내면을 들여다보고 세상과 화해하고 당당하게 걸어나가는 힘은 너에게 있다고 낮은 목소리로 이야기한다. 승한 스님의 따뜻한 시선이 아이들의 마음을 무장해제시킨다. _한명란(전남 순천 왕운중 교사)

책의 목차를 훑어보고 몇 개의 글을 읽은 뒤 시험을 보고 있는 교실을 둘러보았습니다. 시험을 보고 있는 학생들과 감독을 하고 있는 선생님이 다르게 보였습니다. 무엇이 내 생각을 변하게 했을까. 출가해서 공부하고 글 쓰는 수행자, 작더라도 누군가에게 소중한 나침반이 되고 싶은 바람, 행복하게 사는 비결, 인생은 자기 혼자 가는 길, 내 안의 상처를 씻어내는 치유, 부모와 분리해서 살아가기, 내 삶의 주체, 이 세상에서 가장 소중한 것은 지금 붙잡을 수 있는 행복, 내 삶의 쉼표, 존재의 아름다움. 여기에 밑줄이 그어졌습니다. 존재의 아름다움과 외로움에 대한 섬세한 자각을 놓지 않은 치열한 삶이 그곳에 있었습니다.

내면의 뜰에 맑은 바람이 한 줄기 지나갔습니다. _유명희(인천 계산여고 교장)

이 책의 차례를 보면서 명치끝이 아려오더니 본문을 넘기면서 눈가에 이슬이 맺힌다. 돌이킬 수 없는 정치 사회적 병리현상이 학교폭력과 가정폭력으로 이동하면서 청소년들을 벼랑으로 내몬다. 최근 인성교육진흥법을 만들어 인간적인 성품 회복을 목적으로 인성교육까지도 관주도형으로 진행한다는데 우선 반면교사인 청소년의 '동감'을 얻어낼 수 있을까. 불가역적일 것 같은 다수의 청소년에게 '행복단추학교'를 통해 담은 승한 스님의 임상경험이 종교적 편견을 넘어 깊은 상처를 감싸 안는 인드라망이 될 것을 간절히 빈다.

_이우송(살림문화재단이사장·다석채플사제)

이 책을 읽는 내내 나는 참으로 가슴 아프고도 행복했습니다. 입시경쟁에 찌들고 학교폭력과 왕따, 부모와의 갈등, 이성 문제, 자살 충동 등으로 몸과 마음이 아픈 우리 청소년의 적나라한 모습에 가슴 아프고 목이 메었고, 아픈 이야기를 귀 기울여 들어주고 상처를 다독이며 명쾌한 해결책을 제시해주는 승한 스님의 수행에서 우러나오는 자애롭고 힘찬 목소리에서 치유와 희망의 빛을 보았기 때문입니다. 인생의 길을 찾는 청소년은 물론, 학교 현장에 계신 교사와 자녀교육에 관심 있는 부모들이 꼭 읽어야 할 책이 아닌가 합니다.

_임완숙(시인·전국교사불자연합회 초대회장)

풀밭에 봄비가 속삭이듯 봄비에 그 풀밭이 깨어나듯 이 책은 낙초자비(落草慈悲)의 법문과 수행법으로 행복의 단추를 하나하나 달아주는군요. 『네 마음을 들어줘』, 봄비에 실리는 승한 스님의 목소리가 달마의 공놀이보다 즐겁네요. _송수권(시인·전 순천대 교수·한국풍류문화연구소장)

사람들은 하나이면서 하나인 걸 모르고 살아간다. 승한 스님의 『네 마음을 들어줘』는 부모의 표준화된 사고의 틀을 깨고 자녀와 하나되게 하는 소통의 지침서이다. 정형화된 지식을 주입해 어린이들의 잠재 능력을 무력화시키는 왜곡된 교육에서 그 잠재 능력을 극대화·활성화시키는 교육의 개혁이 요구되는 현실에서 우리가 꼭 읽어야 하는 소중한 책이다. _이수덕(대한불교진흥원·불교방송 이사, 전 불교TV 사장)

복잡다단한 교실에 한 송이 연꽃을 피워 정화시킨 느낌이다. 미처 삶의 의미를 발견하지 못한 학생들의 민낯을 고스란히 드러내어 그들에게 진정한 삶의 본질과 현상을 인식하게 하고 그것들을 날것 그대로 수용하게 하는 명쾌함이 있다. 학교 현장에서 구체적으로 드러나는 문제점을 삶에 대한 통찰로 풀어낸 승한 스님의 즉문즉설은 삶의 지침이고 나침반이다. 이 책은 읽는 이들에게 맑은 물속 같은, 고요한 행복을 가져다줄 것이다. _윤석우(경기도 고양 백양고 교사)

오늘날 청소년들의 문제를 찬찬히 들여다보고 가장 깊숙이 있는 상처들을 꺼내 치유해주는 약상자 같은 책으로 그동안 청소년들의 눈높이와 마음 깊이에 맞춰 상담해왔던 스님의 자상하고 따뜻한 마음이 온전히 녹아 있다. 감기 한 번 배앓이 한 번 해보지 않은 사람이 없듯이, 마음의 생채기를 가지고 살아가고 있는 어른들도 꼭 봐야 할 힐링서이다. 문제의 원인과 열쇠가 내 안에 다 있으므로 스스로 치유할 수 있는 나를 찬찬히 들여다보도록 해 더욱 성숙하고 생각 깊은 사람으로 자라나게 한다. 학교 공부, 친구, 가정 등에서 어려움을 겪거나 고민이 많은 친구들이 이 책을 통해 조금이나마 마음의 위안을 얻고 '내 마음을 알아주는 사람이 있네' 하고 공감하고 감명 깊게 읽었으면 좋겠다. 깨달음은 나무처럼 자라기에! _이남재(서울 월곡청소년센터 관장)

이 책은 희망이다, 빛이다. 어두운 공부방에서 번뇌하고 갈등하는 청소년에게 번뇌와 갈등의 해법을 제시해주어 희망으로, 빛으로 나아가게 한다. 학교 현장의 생생한 질문에 불교 설화나 마음 다스리기 방법을 제시함으로써 청소년 스스로 길을 찾도록 이끌어준다. 물음표 투성이인 세상에 잔잔한 느낌표의 메아리를 제시한다. 길을 묻는 청소년이여, 부디 이 책의 이정표를 따라나서라.

_지홍 스님(서울 잠실 불광사·불광법회 회주)

어느 시인의 말처럼, 슬픔은 어쩌면 마음이라는 호주머니 속 깊이 넣어둔 뾰쪽한 돌멩이와 같은지도 모릅니다. 그 날카로움 때문에 호주머니 속에서 자주 꺼내 보게 되지만, 그러는 동안 모서리가 닳아 둥글어져 있을 테니까요. 그리고 그것은 더 이상 나에게 상처를 주지 않을 테니까요.

지난해 여름방학 때 일입니다. 4박 5일 일정으로 진행되는 '청소년 행복단추학교' 수련장에서 만난 '안개 님'과 '무심 님' 남매를 저는 아직도 잊을 수 없어요. 그때 안개 님은 중학교 3학년 여학생이었고, 무심 님은 중학교 1학년 남학생이었어요. 그런데 이들 남매는 이틀째가 되어도 좀처럼 장에 스며들지 못했어요. 두 발을 쭉 뻗고 두 손

바닥으로 뒤를 짚고 앉는 등 수련 태도가 불량했고, 틈만 나면 스마트폰을 들여다보며 게임을 하고 있었어요. 제가 질문을 해도 남매의 대답은 한결같이 "아니요" "몰라요" "그냥" 딱 세 가지뿐이었어요. 이 때문에 다른 학생들의 분위기마저 가라앉아 도무지 수련을 제대로 이끌 수가 없었죠.

저는 특단의 대책을 세웠습니다. 저녁 수련 시간이 되자 전깃불을 모두 끄라고 했어요. 그리고 지금부터 신나게 춤추는 시간을 가져보자고 말한 뒤, 싸이의 〈강남스타일〉을 틀었어요. 아이들은 모두 몸을 흔들고 비비 꼬며 신나게 말춤을 추었죠. 그런데 안개 님과 무심 님은 여전히 멀뚱히 서 있기만 했어요. 저는 그들 앞으로 다가갔어요. 그리고 안개 님과 무심 님의 손을 잡고 말춤을 추었어요. 손을 맞잡고 한참 몸을 흔들어대자 드디어 안개 님과 무심 님도 몸을 움직이기 시작했어요. 그러더니 잠시 후엔 괴성까지 질러가며 누구보다 격렬하게 춤을 추었어요.

그날 밤 수련이 끝나고 저는 남매를 불렀어요. 안개 님에게 왜 별칭을 '안개'라고 지었느냐고 물어보았죠. 안개 님이 대답했어요. 자기 삶이 지금 꼭 안개 속에 있는 것 같아서 안개라는 별칭을 지었다고. 무심 님에게도 똑같은 질문을 했더니 앞날에 대해 아무것도 생각하기 싫어서 '무심'이라고 지었다고 답했어요.

안개 님과 무심 님의 엄마 아빠는 시장에서 정육점을 한다고 했어요. 그런데 자기들이 학교에도 잘 안 가고 맨날 컴퓨터와 스마트폰 게임에만 빠져 지내니까 청소년 행복단추학교에 보냈다는 거예요. 그러면서 덧붙이는 말을 들으니, 남매의 현재 마음 상태를 짐작할 수 있었어요. 엄마 아빠가 몇 년 전에 크게 싸웠고, 그 뒤 엄마가 집을 나가는 바람에 할머니 밑에서 컸는데, 2년 전에 엄마가 다시 돌아와 아빠와 함께 정육점을 하고 있다는 거죠. 엄마가 가장 필요한 시기에 엄마 없이 지낸 남매의 마음엔 할머니의 사랑만으로는 도저히 치유할 수 없는 슬픔의 상처가 생긴 거예요. 뒤늦게 엄마 아빠가 다시 합치기는 했지만, 그 슬픔의 상처는 소리 없는 분노가 되어 남매를 무기력하게 만들었던 거죠. 남매는 엄마 아빠에게 무언의 반항을 하고 있었던 거고요. 그러다 보니 남매에게 자존감은 물론, 꿈과 희망이 사라져버린 것은 당연한 일이고요.

한 번 말문이 열리자 남매는 봇물 터진 듯 그동안 겪은 일을 쏟아냈어요. 때로는 눈물로, 때로는 한숨으로, 때로는 울분 가득한 말로. 제가 한 일은 그저 남매의 이야기를 함께 들어주는 것뿐이었죠. 남매가 눈물을 흘릴 땐 같이 눈물 흘리고, 한숨 쉴 땐 같이 한숨 쉬고, 울분을 토할 땐 같이 울분해주는 것뿐이었죠. 남매와의 특별한 상담은 밤 열두 시가 넘어서야 끝이 났어요.

그런데 다음 날 놀라운 일이 벌어졌어요. 남매의 행동이 눈에 띄게 달라진 거예요. 말하지도 않았는데 둘 다 저에게 스마트폰을 맡기

고, 강의 시간에도 자세를 똑바로 하고 앉았어요. 물론 실습에도 열심히 참가했죠. 그 모습을 보면서 저는 눈시울이 뜨거워졌어요. 작은 관심과 배려 하나가 두 남매를 하룻밤 사이에 바꾸어놓은 거예요. 그냥 들어주고 맞장구치고 울어준 것만으로도 남매의 응어리진 마음은 깨끗이 풀린 거죠.

청소년 행복단추학교를 진행하다 보면 이런 아이들을 어렵지 않게 찾아볼 수 있어요. 엄마 아빠의 애정에 굶주리고, 어른들의 관심과 배려에 굶주리고, 친구들의 따뜻한 말 한마디에 굶주린 아이들이 얼마나 많은지 몰라요.

사춘기는 누구나 통과할 수밖에 없는 관문이에요. 강도는 다르지만 우리 모두 그 관문을 통과해 어른이 되었지요. 그런데도 '개구리 올챙이 적 생각 못한다'고 대부분의 어른들은 청소년의 잘못을 청소년 탓으로만 돌리죠. 지금까지 청소년 행복단추학교를 진행하면서 제가 갖게 된 지론은 딱 한 가지예요. 아이들이 잘못된 건 100퍼센트 부모 책임이라는 거.

이렇게 말하면 억울하다고 항의할 부모도 있겠죠. 그러나 가만히 되새겨보세요. 자식이 누구의 DNA를 갖고 태어날까요? 100퍼센트 부모님의 DNA이죠. 그럼 그 DNA에 대해 누가 가장 잘 알까요? 바로 부모예요. 엄마 뱃속에서 열 달 동안 자라면서 아이는 엄마의 말을 가장 많이 알아듣고, 엄마의 사랑을 가장 많이 받았으며, 엄마를 통해 세상에 첫발을 들여놓았어요. 그 때문에 세상 모든 아이들은, 설사 어른이 되어서까지도 엄마와 이야기할 때 가장 잘 통하죠.

그런가 하면 아빠 역시 엄마 못지않게 막중한 책임을 갖고 있어요. 엄마 혼자 자식을 만든 게 아니잖아요. 자식의 몸속엔 엄마와 아빠의 DNA가 정확히 반반씩 들어 있어요. 따라서 아빠는 엄마와 자식을 위해 안온한 가정을 만들어야 할 책임과 의무가 있는 거예요. 맞벌이 시대에는 더욱 그래요. 직장 생활을 하는 엄마 대신 아빠가 아이를 키우는 가정이 더욱 늘어나고 있잖아요. 사회가 복잡해질수록 가정과 가족을 지켜야 할 아빠들의 책무는 더 커질 수밖에 없어요.

인디언은 부모(어머니)를 대지라고 했어요. 대지는 모든 것을 품에 안고 길러주기 때문이에요. 자식들에게 부모는 영원한 대지예요. 그 때문에 인디언 부족은 사춘기에 들어서는 자식들에게 이렇게 말한다고 해요.

"이제 너는 뭔가를 알고 싶어 해. 그런데 어디서부터
시작해야 하지? 바로 '듣는 것'이란다.
북소리에 귀를 기울이고, 공기에 귀를 기울이고,
대지의 숨소리에 귀를 기울이는 거지.
그리고 밤하늘을 여행하는 별에게 귀를 기울이는 거야."

이런 영적 탐구를 통해 사춘기의 인디언 아이들은 자기 삶에 필요한 지혜와 함께, 다른 사람을 이해하고 용서하는 힘을 얻고, 자신이 누구인지, 무엇인지, 왜 이곳에 왔는지, 그리고 이곳에서 해야 할 일이 어떤 것인지 깨닫게 되죠. 태교가 중요한 건 그 때문이에요. 어머니 뱃속에서부터 아이에게 대지인 부모의 목소리를 계속 들려줌으로써 산과 강, 들, 바람, 하늘, 구름은 물론, 해와 달, 별, 꽃, 나무가 하는 말을 다 알아듣게 해 사춘기의 성급하고 흥분하기 쉬운 성격과 난폭성, 감정 조절의 어려움으로부터 벗어나게 하는 거죠.

지난해 여름방학 때 청소년 행복단추학교에서 만난 안개 님과 무심 님은 이제 각각 고1과 중2가 되었어요. 남매는 언제 그랬었나 싶게 행복한 마음으로 하루하루 지내고 있어요. 남매의 엄마 아빠도 주기적으로 저를 찾아와 이야기를 나누다 가곤 해요. 전 이 책을 통해 안개 님과 무심 님 같은 친구들이 많이 나왔으면 좋겠어요.

어쩌면 이 책은 먼 옛날, 저의 중·고등학교 시절을 담은 자전적 고백서이기도 해요. 환경은 달랐지만 저도 여러분들과 똑같은 과정을 겪으며 자랐거든요. 지금 생각해보면 참으로 긴 터널을 통과해왔지만, 그 긴 터널이 있었기에 저는 시인이 될 수 있었고, 신문기자가 될 수 있었으며, 지금은 출가해 공부하고 글 쓰는 수행자가 될 수 있었어요. 하지만 지금 다시 그 길을 가라고 하면 절대 가지 않겠어요. 너무 힘들고 고통스럽고 아픈 길이었거든요. 얼마든지 피해서 갈 수 있는 길이기도 했고요.

이 책을 쓴 이유가 그거예요. 여러분이 힘들고 고통스러운 길에서 벗어나 좀 더 행복하고 즐거운 길을 갈 수 있도록 만들어주고 싶어요. 작더라도 누군가에겐 소중한 나침반이 되고 싶어요. 『잡아함경』이라는 부처님 책에 이런 구절이 있죠.

"마음이 세상을 유지하고 마음이 세상을 이끌고 간다.
마음이 하나의 법이 되어 세상을 제어한다."

학창 시절은 물론, 우리의 인생을 행복하게 사는 비결은 간단해요. 내가 내 마음의 주인공이 되면 돼요. 그러니까 내가 내 마음을 잘 운전하고 가면 된다는 뜻이죠. 철학자 플라토우스는 이렇게 말했어요. "인내는 성공의 반이다. 인내는 어떠한 괴로움에도 듣는 명약이다"라고요. 어떤 상황에서도, 어떤 조건에서도 굴복하지 마세요. 내 마음을 잘 다잡고 정성을 다해 운전해보세요. 혼자 다잡기 힘들 땐 엄마 아빠에게도 솔직히 말하고, 선생님에게도 솔직히 말하고, 필요하면 의사 선생님도 찾아가고, 목사님, 신부님, 스님에게도 찾아가 물으세요. 언제든지 여러분을 환영해줄 거예요.

어른들의 눈에 실패로 보이든 성공으로 보이든, 중·고등학교 시절은 정말 아름다운 겁니다. 춤추는 마음으로 여러분의 마음을 잘 살펴서 부디 아름다운 삶의 행복단추를 잘 채우길 바랄게요.

끝으로, 이 자리를 빌려 저의 영적 스승이신 경상남도 함양 행복마을 용타 큰스님과 정신적 바로미터인 서울 잠실 불광사 지홍 큰스님께 깊은 감사를 드립니다. 또 이 책을 쓰는 동안 학교 현장에서 학생들의 목소리를 생생히 전해준 서울 보성고등학교 박형송 교감선생님과 서울 고덕중학교 배정숙 선생님께도 감사의 말씀을 전합니다. 꼼꼼하고 밝은 눈으로 교정을 도와준 기영순 선생님과 이금지 법우에게도 심심한 감사의 뜻을 표합니다.

행복하세요.

북한산 아래서
여러분의 친구 **승한** 합장

차
례

1장

학교 가는 게
정말
두려워요

2장

그래도,
있는 그대로의 모습을
사랑하라고요?

엄마 아빠는
절
사랑하는 걸까요?

4장

우리도
하늘을
올려다보고 싶어요

학교 가는 게
정말
두려워요

자꾸 친구들을
따라하게 돼요

몇몇 친구들과 어울리다 보니 친구들이 하는 행동을
자꾸 따라 하게 됩니다. 제 생각대로 독자적으로 움직여
보려고 해도 어느새 똑같은 행동을 하고 있더라고요.
비슷한 옷이나 가방을 사거나, 같이 어울려 노래방이나
PC방에 다니는 것도 그렇고요. 어느 날은 저도 모르게
지나가는 애하고 어깨를 살짝 부딪쳤는데 그 애한테 시비를
걸고 있더라고요. 제 친구들이 길 가다 스치는 사람이
만만해 보이면 무조건 시비를 걸거든요.
저는 속으로 '저러지 말았으면' 하고 생각했었는데,
막상 제가 그러니까 내심 민망하더라고요.
말투도 좀 거칠어지고, 행동도 거칠어지는 것 같아요.
친구들이 담배를 피우니까 따라서 같이 피우게 되고요.
술도 같이 마시게 돼요.
친구들이 나쁘다기보다는
저한테 문제가 있는 것 같다는 생각이 들어요.
저한테 문제가 있는 게 맞나요?

흔들리는 것을
결코 두려워하지 마세요.

사람은 때로 송두리째 흔들릴 때가 있어요. 그러나 괜찮아요. 흔들린다는 것은 지금 자기가 크고 있다는 뜻이니까. 그런 점에서 이미 자신의 문제를 잘 알고 있다는 건 좋은 신호예요. 알고 짓는 죄는 모르고 짓는 죄보다 훨씬 가벼워요. 알고 짓는 죄는 쉽게 뉘우치고 다시는 죄짓지 않겠다고 다짐할 수 있지만, 모르고 짓는 죄는 죄를 짓고도 알지 못해서 자신에게 불편함만 없으면 계속 잘못을 저지르게 되거든요. 그 결과 나중에는 돌이킬 수 없을 만큼 큰 죄를 짓고, 결국에는 비참한 삶을 살게 돼요. 이미 자신의 잘못을 알고 뉘우치는 것만으로도 훌륭하죠.

하지만 잘못을 알고 뉘우치는 것만으로는 잘못을 고칠 수 없어요. 끊임없는 다짐과 실천을 반복하지 않으면 잘못은 하루아침에 개선되지 않아요.

사람들이 겪는 고통은 대부분 사람과 사람 사이의 관계, 즉 인간관계 내지 친구관계에서 발생해요. 특히 청소년기에는 대학 입시라는 경쟁과 대립을 앞두고 극심한 이기주의와 공부 스트레스에 시달리다 보니 거기에 대한 반발로 친구들과 어울려 나쁜 짓을 하기 쉬워요. 끼리끼리 어울리면 양심의 가책이 무뎌져 잘못된 행동을 더 쉽게 저지르거든요.

부처님께서는 그것을 무명(無明)이라고 했어요. 잘못된 의견이나 집착 때문에 세상을 바르게 살지 못하는 '어두운 마음 상태'를 말해요. 바람직하지 못한 어두운 마음 상태가 바람직하지 않은 인간관계를 만들어내고, 바람직하지 못한 인간관계가 공동체를 파괴해 죄를 짓게 하는 거예요. 부처님께서 지혜와 자비를 강조하신 것도 그 때문이에요.

부처님께서는 항상 주변 사람들을 사랑하고 아끼는 마음으로 바라보셨어요. 그리고 상대방의 신념과 주장과 행동을 인정하고 받아들이고 존중했어요. 자신보다 아무리 낮고 비천한 사람이라도 그들이 하는 말과 생각과 행동을 왕처럼 떠받들었어요. 오히려 더 못난 사람, 더 낮은 사람, 더 약한 사람, 더 부족한 사람을 만날수록 더 깊은 애정과 존경심을 갖고 그들을 섬기고 봉사하고 헌신했어요.

부처님께서는 그것을 동체대비(同體大悲)라고 말씀하셨어요. '동체'란 나와 너를 비롯한 이 세상 모든 존재가 한 몸이라는 뜻이에요. '대비'는 이 세상 모든 존재가 한 생명체라는 자각에서 자연스럽게 일어나는 끝없는 사랑과 연민을 말해요.

손가락에 가시가 박히면 입에서 자연스럽게 "아야!" 소리가 나죠. 또 눈에서는 눈물이 나고, 다른 손은 가시가 박힌 손을 향해 뻗어나가요. 이처럼 손과 눈과 입이 동시에 움직이는 것은 서로가 한 몸이기 때문이에요. 아집과 편견 때문에 너의 아픔 나의 아픔이 따로 있고, 잘나고 못나고, 기쁘고 즐겁고, 아프고 괴롭고, 높고 낮고, 잘하고 잘못하는 것으로 각각 나누지만, 진실에 눈뜨면 이 세상, 이 우주 모든 것이 하나로 섬세하게 연결되어 있는 한 몸, 한 생명체라는 것을 깨닫게 될 거예요. 부처님께서는 이것을 연기(緣起)라 했어요. '이것이 있으므로 저것이 있고, 이것이 생김으로 저것이 생긴다. 이것이 없으므로 저것이 없고, 이것이 멸함으로 저것이 멸한다'는 뜻이죠.

사실 지금 자신이 흔들리고 있는 것은 '자기 사랑'이 부족하기 때문이에요. 자기 사랑이 없으니까 자기중심도 없이 못된 친구들을 따라 하고, 그것이 잘못인 줄 아니까 송두리째 흔들리는 거예요.

흔들리는 뿌리를 잡기 위해선 자기를 사랑해야 해요. 우선 몸과 대화 나누기를 해보세요. 명상(마음챙김)과 심리치료에서 널리 쓰는 방법이에요. 우리 몸과 마음은 우리가 크면서 겪어온 모든 상처와 옹이를 간직하고 있어요. 그 상처와 옹이를 잘 어루만져야 해요. 내가 나를 돌봐주지 않으면 누구도 나를 돌봐주지 않아요. 엄마 아빠가 나를 돌봐주는 것 같지만 진정으로 나를 돌봐주진 못해요. 내가 되어보지 않고선 내 몸과 마음속에 들어 있는 상처와 옹이를 알 수 없기 때문이에요.

몸과 대화를 나누려면 먼저 가슴을 따뜻하게 해야 해요. 고요하고 편안한 음악을 틀어놓고 리듬에 몸을 맡긴 채 두 손으로 온몸을 어루만진 뒤 내 가슴에 손을 대고 속삭이는 거예요. "그동안 많이 아팠지? 이제 내가 아프지 않게 해줄게" "그동안 화가 많이 나 있었지. 그래. 이제부턴 너를 즐겁게 해줄게" "그동안 많이 외로웠지. 그래 이제부턴 너를 혼자두지 않을게" 하고 내 몸에게 말을 거는 거예요. 그러다 보면 어느 순간 몸도 나에게 말을 걸어올 거예요. "그래. 그동안 너무 힘들었어. 우리 이제 정답게 지내보자" "그래. 그동안 너무 화났어. 우리 이제 사이좋게 지내보자" "그래. 그동안 너무 쓸쓸했어. 우리 이제 서로 사랑하자" 하고 대답할 거예요.

이때 중요한 것은 몸이 아무리 욕을 하고 화를 내더라도 몸과 싸우지 않는 거예요. 아무리 앙탈을 부리고 고함을 쳐도 싸우지 않고 부드럽고 따스한 손길로 몸을 쓰다듬어주는 거예요. 내면에서 터져 나오는 몸과 마음의 외침을 아무런 저항 없이 가슴으로 들어주어야 해요. 그런 식으로 온몸을 어루만지며 몸과 마음에게 사과를 한 뒤 이번엔 경쾌한 음악을 틀어놓고 몸과 함께 춤을 춰보세요. 온 마음을 다해 몸과 함께 신나게 춤을 추다 보면 어느샌가 나와 하나가 되어 있는 나의 몸과 마음을 볼 수 있을 거예요. 몸과 마음 구석구석에 숨어 있던 상처와 옹이가 땀과 눈물이 되어 흘러나올 거예요.

몸과 대화하기는 우리가 어렸을 적부터 지니고 있던 옹이와 상처를

치유해줘요. 지금 본인의 생각과 다르게 못된 친구들과 어울리며 나쁜 짓을 하는 것은 그렇게 학생의 몸과 마음에 쌓인 상처와 옹이가 자신도 모르게 밖으로 뛰쳐나오고 있기 때문이에요. 그 결과 마음의 가락을 잃어버린 거죠.

사람에겐 누구나 마음의 가락이 있어요. 그것은 평화일 수도 있고, 삶의 기술일 수도 있고, 행복일 수도 있어요. 잃어버린 그 가락이, 혹은 억압된 삶의 기술이 감옥을 견디지 못해 사춘기의 가면을 쓰고 밖으로 뛰쳐나와 몸을 뒤흔들고 있는 거예요.

부처님께서는 그런 삶의 가락을 아주 중요시했어요. 그래서 사람이 사람답게 살기 위해 반드시 실천해야 할 여덟 가지 바른 가락을 이르셨죠. 바르게 생각하기, 바르게 말하기, 바르게 행동하기, 바르게 생명 유지하기, 바르게 마음 정화하기, 바르게 집중하기, 바르게 마음의 센서 닦기, 바르게 깨닫기가 그거예요. 이것을 팔정도(八正道)라고 해요.

사람이든 사물이든 이 세상에 존재하는, 이 우주에 존재하는 모든 존재는 신비롭고 소중해요. 우리는 모두 하나로 연결되어 있기 때문이죠. 친구를 괴롭히는 것은 나를 괴롭히는 것이고, 나를 괴롭히는 것은 부모를 괴롭히는 것이고, 부모를 괴롭히는 것은 선생님을 괴롭히는 것이에요.

행복은 바깥에 있지 않고 내 안에 있어요. 행복은 매 순간 우리가 삶을, 이 세상을 어떻게 보느냐에 달려 있어요. 나의 내면에서 울려나오는 마음의 가락이 어떤 것인가에 달려 있는 거죠. 착한 '나', 의젓한 '나', 훌륭한 '나'가 함부로 담배를 피우고, 술을 마시고, 친구들에게 시비 걸며 거친 행동을 하고 살 리 없잖아요.

이제부터 가슴 뛰는 삶을 사세요. 지금 무엇 때문에 고민하고 있고, 무엇 때문에 그런 행동을 하고 있는지는 중요하지 않아요. 우리가 가슴에 어떤 꿈과 어떤 가락을 가지고 살고 있는지가 중요해요. 그리고 가슴에서 뛰고 있는 그 꿈과 가락을 위해 무엇을 할 것인지가 더 중요해요. 진정으로 세상을 사랑하고, 이웃을 사랑하고, 나를 사랑할 수 있는 마음만 가지고 있다면 지금의 행동으로 주변 사람들에게 비난받는 것을 두려워하지 않아도 돼요. 다만 앞으로 나쁜 친구들과 어울려 나쁜 짓을 하기 전에 몸과 가슴에 대고 진심으로 물어보세요.

"진정한 삶과 진정한 사랑과 진정한 세상의 행복을 위해 나는 지금 주위로부터 비난받는 것을 두려워하지 않을 자신이 있는가?"

어리석은 사람은 지혜로운 사람을 이기고자 거친 말과 악담을 마구 퍼붓지만, 진실로 이기려는 사람은 많은 말을 하기보다 차라리 침묵을 지킨다.

_「법집요송경」

좋은 친구
고르는 법이 있나요

이제 고등학교에 올라가는 학생이에요. 고등학교 때 친구가
평생 간다는 말을 많이 하잖아요. 그런데 어떻게 해야
진짜 좋은 친구인지 알고 사귈 수 있을까요?
사귀다 보면 장점보다 단점이 더 많이 보이는 친구들이 있잖아요.
또 좀 친해졌는데 나중에 알고 보니 도움이 안 되는
친구일 수도 있고……. 이건 제 경험인데요, 제가 중학교 때
친구를 사귀면서 이 친구에게는 뭐든지 다 해 줄 수 있다고
생각하다가 결국 그 친구의 이기심에 질려 절교한 경우도
몇 번 있어요. 그냥 어느 순간부터는 서로 안 보고 안 만나는 거죠.
저는 서로 부족한 부분을 도와주는 게 친구라고 생각하는데
저 혼자 일방적으로 참다가 힘들어지는 거예요.
그러다 마음속으로 크게 상처를 입고요.
그래서 고등학교에 올라가면 친구를 사귈 때
더 신중해지고 싶어요.
좋은 친구를 사귀려면 어떻게 해야 하나요?

친구란
서로가 서로를 발견하는 존재예요.

독일 격언 중에 '주머니에 돈이 없는 것은 견딜 수 있어도, 친구 없는 세상은 견딜 수 없다'는 말이 있어요. 그만큼 친구관계는 중요해요. 좋은 친구야말로 나와 함께 영원히 춤출 수 있는 사람이기 때문이에요.

특히 고등학교 때 친구는 더 그래요. 고등학교 때 친구는 대부분 평생 가거든요. 이제는 철도 좀 들고 어느 정도 이성적인 판단도 할 줄 아는 상태에서 사귀기 때문일 거예요. 마침 좋은 친구 고르는 법에 관해 딱 들어맞는 시가 있네요.

천 사람 중의 한 사람은
형제보다 더 가까이 네 곁에 머물 것이다.
생의 절반을 바쳐서라도 그런 사람을 찾을 필요가 있다.
그 사람이 너를 발견하기를 기다리지 말고.
구백아흔아홉 사람은 세상 사람들이 바라보는 대로
너를 바라볼 것이다.

하지만 그 천 번째 사람은 언제까지나 너의 친구로 남으리라.
세상 모두가 너에게 등을 돌릴지라도.

그 만남은 목적이나 겉으로 내보이기 위한 것이 아닌
너를 위한 진정한 만남이 되리라.
천 사람 중의 구백아흔아홉 사람은 떠나갈 것이다.
너의 표정과 행동에 따라, 또는 네가 무엇을 이루는가에 따라.
그러나 네가 그 사람을 발견하고 그가 너를 발견한다면
나머지 사람들은 문제가 아니리라.
그 천 번째 사람이 언제나 너와 함께 물 위를 헤엄치고
물속으로도 기꺼이 가라앉을 것이기에.

때로 그가 너의 지갑을 사용할 수도 있지만
넌 더 많이 그의 지갑을 사용할 수 있으리라.
많은 이유를 대지 않고서도.
그리고 날마다 산책길에서 웃으며 만나리라.
마치 서로 빌려준 돈 따위는 없다는 듯이.
구백아흔아홉 사람은 거래를 할 때마다 담보를 요구하리라.
하지만 천 번째 사람은
그들 모두를 합친 것보다 더 가치가 있다.

너의 진실한 감정을 그에게는 보여줄 수 있으므로.

러디어드 키플링의 '천 사람 중의 한 사람'이라는 시 중 일부예요. 그래요. 친구란 노력해서 얻어지는 게 아니에요. 서로 발견하고, 서로 알아볼 뿐이에요. 그런 친구끼리는 진정한 우정을 나눌 수 있어요. 이 시에서처럼 그런 우정은 구백아흔아홉 사람이 지나간 뒤 천 번째로 찾아올지 몰라요. 그만큼 진정한 친구를 발견하긴 어렵다는 말이지요.

친구가 때론 내 지갑을 사용할 수도 있지만 더 많이 그의 지갑을 사용할 수 있고, 언제나 나와 함께 물 위를 헤엄치고 물속으로도 기꺼이 가라앉을 수 있는 친구를 알아보기란 쉬운 일이 아니죠. 또 친구 관계에도 상대성이 있기 마련이에요. 그래서 친구를 사귀기가 더 힘들죠. 하지만 걱정하지 말아요. 내 안에 있는 장애물만 제거하면 되니까. '한없는 자비'의 마음으로 '가없는 친절'만 베풀면 되니까.

가장 먼저 제거해야 할 장애물은 편견이에요. 어떤 목적을 갖고 친구를 바라보지 않고 한없는 이타심과 친절한 마음으로 상대방을 바라보는 거죠. 내게 목적성이 있으면 친구도 당연히 목적성을 갖고 나를 찾지 않겠어요? 이타심과 친절한 마음을 키우려면 먼저 마음속으로 이렇게 소원해보세요.

친구가 안전하기를
친구가 건강하기를
친구가 행복하기를
친구가 편안하기를

그러다 보면 언젠가 그 마음이 친구에게 전해져 그 친구가 저절로 나를 발견하고 찾아올 거예요.

인간관계는 복잡한 것 같아도 참으로 간단해요. 모두 '나와 너'로 이루어져 있어요. 친구관계도 마찬가지예요. 그런데 '나와 너' 사이에 오고 가는 그 어떤 것이 문제예요. 그 어떤 것이 바로 관계예요. 그래서 인간관계라든지 친구관계라는 말이 생겨난 거예요.

좋은 관계를 맺으려면 편견을 허물어야 해요. 또 어떤 친구가 나에 대해 잘못된 편견을 갖지 않도록 하는 것도 중요해요. 내가 편견을 갖고 있는 것처럼 친구도 나에게 얼마든지 편견을 갖고 있을 수 있기 때문이죠. 그것도 사실은 내 탓이에요. 내가 그런 원인을 제공했기 때문에 친구가 나에게 편견을 갖는 거예요.

그러려면 우선 상대방을 보는 내 눈을 바르게 해야 돼요. 이것을 다른 말로 정견(正見)이라고 해요. 바른 눈으로 바르게 본다는 뜻이죠. 사귀고 싶은 친구가 아무리 꾀죄죄해 보이고 공부를 못해도, 보는 내 눈을 바르게 하면 그 친구에게서 수많은 장점을 발견해낼 수 있어요. 사귀고 싶은 친구가 내 마음에 들도록 바꿀 순 없지만 친구를 바라보는 내 눈은 얼마든지 바르게 바꿀 수 있죠. 내 마음속 깊은 곳에서 친구에 대한 좋은 감정이 흐르면 그 친구도 내게 좋은 감정을 갖고 접근하게 될 거예요.

물론 보이는 내 모습을 바르게 하는 것도 중요하죠. 불교 용어로는 이것을 정업(正業)이라고 해요. 사실 내가 상대방에게 모습을 바르게 하라고 요구할 수 없는 것처럼 상대방도 내게 모습을 바르게 하라고 강요할 순 없어요. 만약 상대방이 나에게 너의 이러이러한 모습이 맘에 안 드니 바꿀 수 없겠느냐고 하면 단박에 기분이 나빠질 거예요. 그러다 보면 서로에 대해 품고 있던 좋은 감정도 순식간에 사라지고 말 테죠.

하지만 상대방이 말하기 전에 내가 먼저 내 모습을 바르게 하면 내가 좋은 감정을 보내기도 전에 상대방이 먼저 좋은 감정을 가지고 나에게 접근할 수 있어요. 말과 표정과 행동과 모습이 항상 바르고 깨끗하고 방정한데, 친구들이 좋은 감정을 갖고 나에게 접근하지 않을 리 없죠.

세상엔 좋은 친구와 나쁜 친구가 있다고 하죠. '좋은 친구'라는 표현이 있다는 건 곧 '나쁜 친구'도 있다는 뜻이에요. 나쁜 친구와 가까이 하면 그 우정 때문에 자신을 망칠 수도 있죠. "누구한테나 좋은 친구와 나쁜 친구가 있다. 다만 이 둘을 구별하기가 어려울 뿐이다"라는 말도 그래서 나왔어요. 그런 친구들과는 절대로 함께 춤을 추어서는 안 돼요. 물론 행복해질 수도 없을 거고요. 먼저 자신의 두 눈과 자신의 몸을 바르게 하세요. 그리고 가만히 기다리세요.

사랑하는 마음을 닦는 이는 탐욕을 끊게 되고, 불쌍히 여기는 마음을 닦는 이는 노여움을 끊게 되며, 남을 기쁘게 하는 마음을 닦는 이는 괴로움을 끊게 되고, 자기를 버리는 마음을 닦는 이는 탐욕과 성냄, 차별하는 마음을 끊게 된다. 이 네 가지 마음은 온갖 착한 일의 근본이다. _『증일아함경』

좋아하는
선생님이 생겼어요

———

중학교 2학년 여학생인데, 우리 학교 국어 선생님이
너무 좋아요. 어느 순간 선생님이 제 마음속으로 들어와서,
국어 수업시간이 기다려지고
멀리서 선생님만 봐도 가슴이 두근거려요.
선생님하고 이야기라도 할라치면 떨려서
아무 말도 못하겠어요. 혹시나 선생님에게 여자 친구가
있는 건 아닐까 고민이 되었는데, SNS를 뒤져보니까 없는 게
확실한 것 같아요. 이런 제가 스토커 같기도 하지만
자꾸 생각이 나는 걸 어떻게 해요.
선생님도 절 싫어하는 것 같지는 않아요.
저랑 인사할 때 눈웃음도 보여주시고요. 어떤 사람들은
이런 게 한때 스치고 지나가는 열병 같은 거라고 말하는데,
저는 진짜 심각하거든요. 제가 고등학교만 졸업하면
떳떳하게 사귈 수도 있는 거 아닌가요.
저는 선생님이 기다려만 주면 결혼하고 싶은 생각까지 있어요.
저 괜찮은 거 맞죠?

우리 삶에 과정이 없다면
무엇을 이룰 수 있을까요?

'사랑하라. 놓지 마라'라는 시구가 있어요. 사랑한다면 용기를 내야
죠. 하지만 세상사엔 반드시 과정도 있어요. 과정 없인 목적과 목표
에 도달할 수 없으니까요. 『백유경』이라는 부처님 책을 보면 잘 알
수 있어요. 기초도 짓지 않고 곧장 삼층 누각을 지으려는 사람 얘기
가 나오거든요.

어떤 부자가 있었어요. 어느 날, 부자는 이웃에 있는 부잣집으
로 놀러 갔어요. 그런데 그 집에 전에 못 보았던 멋진 삼층 누
각이 있는 거예요. 부자는 그 누각이 부러웠어요. '나도 저 사
람만큼 부자인데, 여태까지 왜 저런 누각을 갖지 못했을까?'
집에 돌아온 부자는 바로 목수를 불렀어요. "저 이웃 부잣집에
있는 삼층 누각처럼 아름답고 웅장한 누각 한 채를 지어줄 수
있겠는가?" 목수가 대답했어요. "네, 그 누각은 바로 제가 지
었습니다. 그러니 어렵지 않습니다." 그러자 부자는 목수에게
부탁했어요. "그럼 나를 위해 아름답고 웅장한 삼층 누각을 지

어주게."

목수는 곧 땅을 고르고 벽돌을 쌓아 누각을 짓기 시작했어요. 그런데 목수가 누각 짓는 것을 본 부자는 의심이 생겼어요. 그래서 물었어요. "자네 지금 어떤 누각을 지으려고 하는가?"

목수가 대답했어요. "삼층 누각을 지으려고 합니다." 부자는 억지를 부렸어요. "나는 아래 두 층은 필요 없네. 제일 위 삼층만 지어주게." 그러자 목수가 설명했어요. "아래층을 짓지 않고 어떻게 이층을 짓고, 이층을 짓지 않고 어떻게 삼층을 지을 수 있겠습니까?" 그러나 부자는 막무가내였어요. "내게 아래 두 층은 필요 없네. 그러니 맨 위층만 지어주게나."

소문을 들은 이웃 사람들이 부자를 비웃었어요. "어떻게 아래층을 짓지 않고 위층부터 지을 수 있겠는가? 정말 어리석기 짝이 없는 사람일세."

일층과 이층은 필요 없다면서 곧바로 삼층 누각만 지어달라고 하는 부자의 행동을 보고 어떤 생각이 드나요? 삼층집을 짓기 위해선 반드시 일층부터 지어야 해요. 그게 문제의 핵심이에요. 지금 국어 선생님을 좋아하는 것 역시 마찬가지예요. 아직 일층집도 짓지 않는데 벌써부터 오층, 십층, 백층을 지으려고 하는 거예요. 삶은 과정인 동시에 목적이에요. 그런데 지금 과정은 생략한 채 목적만 달성하려고 하는 거예요.

과정만 충실하면, 그래서 일층부터 차근차근 지어나가면, 그래서 학생이 고등학교를 졸업할 때까지 선생님이 기다려만 준다면 선생님과 얼마든지 결혼해도 좋다고 생각해요. 그러려면 우선 당장은 일층집부터 열심히 지어야 해요.

부처님의 수행법에 백골관(白骨觀)이라는 것이 있어요. 삶의 무상함을 깨닫고, 탐욕을 없애기 위해 남의 몸을 백골로 관찰하는 거예요. 이것을 심리학에서는 '죽음 명상'이라는 이름으로 응용해서 사용하고 있어요. 내가 10분 뒤에, 하루 뒤에, 사흘 뒤에 죽는다고 가정하고 명상을 하는 거죠.

학생의 경우 '죽음 명상'을 꾸준히 하면 도움이 될 것 같아요. 아직 중학교 2학년밖에 되지 않았는데 생뚱맞게 무슨 죽음 명상이냐고요? 하지만 죽음 명상은 남녀노소 누구에게나 도움을 줄 수 있어요. 죽음 명상을 하면 현재 내 마음속에 들어 있는 집착거리가 무엇이고, 그런 집착거리로부터 벗어나기 위해서 어떻게 해야 할지를 알수 있거든요. 최악의 상황에 빠졌을 때 사람들은 더 많이 성장할 수 있기 때문이에요.

죽음 명상에 몰입하기 위해서는 우선 자신이 누구(무엇)인지부터 알아야 해요. 사실, 나는 그 어느 것도 아니에요. 이름도 아니고, 학생도 아니고, 반장도 아니고, 부모님의 아들딸도 아니고, 몸도 아니고, 마음도 아니고, 소유도 아니고, 생각도, 배경도, 성적도, 실수도 진정한 나일 수 없어요. 나는 그 무엇도 아닌 그 무엇일 뿐이에요. 다만 어떤 이름으로 어떤 역할만 하고 살 뿐이에요. 그런데도 대부분의 사람들이 죽음 명상을 하라고 하면 눈물부터 흘려요. 더 살고 싶다는 생각, 꼭 하고 싶었는데 아직까지 못한 일, 못 이룬 일, 사랑하는 사람들, 한(恨) 때문이죠. 그런 사람들에게 저는 먼저 버킷 리스트(죽기 전에 꼭 해보고 싶은 일과 보고 싶은 것들을 적은 목록)를 작성해보라고 해요. 그런 뒤 앞으로 10분 뒤에 죽는다고 생각하고 그 목록 가운데 지금 당장 하지 않아도 될 것을 하나씩 지우라고 해요. 그러면 얼마 안 가 대부분의 사람들이 진정한 자신을 찾게 돼요. 내가 이 세상에 온 목적과 이유를 깨닫고 '참된 나'를 발견하게 되죠. 존재 자체로 아름다운, 있는 그대로의 나를 바라보게 되는 거예요.

그럼, 저와 함께 직접 죽음 명상을 해볼까요? 자, 지금 저승사자가 바로 눈앞에 찾아왔어요. 저 저승사자를 따라 지금 당장 집 문밖으로 나서야 해요. 그런데 못 나가겠어요. 앞서 작성한 버킷 리스트 때문에 억울해서 못 가겠어요. 그때 명상을 해보는 거예요. 지금 무엇이 나를 집 문밖으로 못 나서게 하는가? 무엇 때문에 내가 지금 저승사자를 따라나서지 못하는가?

그렇게 생각하다 보면 자신의 마음에 끝까지 남아 있는 게 있을 거예요. 그게 바로 욕망이고 집착 덩어리예요. 학생에겐 국어 선생님이 가장 큰 집착 덩어리가 될 수도 있어요. 그 집착 덩어리가 지금 학생의 마음을 어지럽히는 거예요.

어떻게 하면 집착 덩어리에서 벗어날 수 있을까요? 진정한 자신이 아닌 것들을 모두 벗어던지면 돼요. 그런 뒤 나의 생각과 태도를 바꾸는 거죠. 사랑하는 국어 선생 때문에 죽을 수 없다면 '차라리 지금 빨리 죽어서 다음 생엔 국어 선생님과 아예 부부로 태어나버려야지' 하고 나의 생각과 태도를 바꾸는 거예요.

그렇게 지금 자기가 '죽을 수 없는' 이유를 '죽을 수 있는' 이유로 하나하나 바꿔나가다 보면 어느덧 버킷 리스트가 텅 비면서 마음이 맑고 시원해지는 것을 느낄 수 있어요. 삶의 마지막 순간이 되면 사람들은 더욱 진실해지고, 더욱 정직해지고, 더욱 진정해지죠.

지금 학생이 해야 할 일은 학교생활에 충실하는 거예요. 그것이 바로 삼층집을 짓기 위해 일층집부터 짓는 일이에요. 열심히 짓다 보면 어느새 이층집도 짓고 삼층집도 지을 수 있어요.

틈날 때마다 죽음 명상을 계속하며 자신의 마음과 생각을 들여다보세요. 그리고 내가 지금 삼층집을 짓기 위해 열심히 일층집을 짓고 있는지 되새겨보세요. 반드시 좋은 결과가 나올 거예요. 행복은 거기서 얻을 수 있는 덤이죠.

친구가 맞는 걸 보고도
가만히 있었어요

중학교 3학년입니다. 초등학교 때부터 알았던 친구가
반에서 괴롭힘을 당하고 있습니다.
아주 친한 건 아니지만 그래도 부모님들끼리 잘 알고,
인사도 가끔 하고 지내는 사이에요.
그런데 어느 날 보니까 같은 반 일진 두 명한테
그 친구가 맞고 있는 겁니다. 그것도 교실에서요.
처음엔 장난 같았는데 나중에 보니까 진짜로 때리고 있더라고요.
친구는 비명을 지르고 울기만 할 뿐 아무런 대항도 못했어요.
걔네들은 발로 차고 침도 뱉으면서 한 5분 정도
계속 분풀이를 했어요. 저는 몸이 부르르 떨렸지만
차마 나설 수가 없더라고요. 걔네들은 정말 악랄하기로
소문이 자자하거든요. 고등학교 선배들과 함께
조직폭력배들과도 연결되어 있다고 했어요.
그때 친구를 도와주지 못했다는 사실이
가슴에 박혀서 심한 죄책감을 느낍니다.

우리 마음속에는
두려움의 화살이 박혀 있어요.

어떨 땐 침묵이 가장 좋은 해답이 될 수도 있다는데, 저마저 괜히 죄를 짓는 것 같아 가슴이 먹먹합니다. 하지만 언제까지 죄책감만 느끼고 살 순 없겠죠. 이럴 때일수록 마음을 다잡고 문제를 직면해야 돼요. 답은 분명히 있거든요. 먼저 자신의 목숨을 바쳐 비둘기를 구한 왕 이야기를 해볼까 해요.

자비심이 지극한 왕이 있었어요. 하루는 비둘기 한 마리가 매에 쫓겨 비명을 지르며 왕의 품으로 날아들었어요. 그러자 비둘기를 쫓던 매가 나뭇가지에 앉아 말했어요.
"왕이시여, 비둘기를 돌려주시오. 그 비둘기는 오늘 내가 먹을 저녁거리라오."
왕은 단호히 거절했어요.
"안 된다. 이 비둘기는 돌려줄 수 없다. 나는 몸과 마음을 열심히 닦아 부처가 되겠다는 서원을 세웠다. 그때 맹세했다. 이 세상 모든 중생을 다 도와 보호하겠노라고."

매가 말했어요. "왕이시여. 그럼 그 중생 속에 나는 들어가지 않는단 말이오? 다른 중생에겐 자비를 베풀고 나에게만 자비를 베풀지 않겠다는 말이오? 그것도 모자라 내 먹이마저 빼앗겠단 말이오?"

매의 말을 들은 왕은 난처했어요. 매의 말을 들어주지 않자니 모든 중생을 다 도와 보호하겠다던 맹세를 어기는 셈이 되고, 매에게 비둘기를 내주는 것 또한 모든 중생을 다 도와 보호하겠다던 맹세를 어기는 셈이 되었기 때문이에요.

왕은 매에게 제안했어요.

"나를 의지해 내 품에 날아든 비둘기는 절대 내줄 수 없다. 대신 다른 것을 주겠다."

매는 퉁명스럽게 말했어요.

"하지만 나는 살아 있는 날고기가 아니면 먹지 않소."

왕은 깊은 생각에 잠겼어요. '살아 있는 날고기가 아니면 안 먹는다는 것은 산목숨만 먹겠다는 말 아닌가. 그건 산목숨을 죽이지 않곤 살아 있는 날고기를 구할 수 없다는 말이기도 하고. 하지만 한 목숨을 구제하기 위해 죄 없는 다른 목숨을 죽게 할 수는 없는 일. 옳지, 방법은 딱 하나. 머지않아 내 몸은 반드시 죽을 터, 차라리 내 몸을 주도록 하자.'

결심한 왕은 자신의 다리 살을 베어 매에게 주었어요. 그러자

매가 다시 말했어요.

"왕이시여, 그렇게 하시려거든 비둘기와 똑같은 양의 살덩이를 베어주시오."

왕은 저울을 가져왔어요. 그러곤 자신의 다리에서 베어낸 살덩이와 비둘기의 무게를 달았어요. 그런데 비둘기의 무게가 훨씬 무거웠어요. 왕은 다른 쪽 다리 살까지 베었어요. 그리고 먼저 베어낸 살덩이와 합쳐 다시 저울에 달았어요. 그래도 살덩이의 무게가 가벼웠어요. 왕은 이번에는 양쪽 발꿈치 살을 베어 저울에 함께 달았어요. 그래도 살덩이의 무게는 턱없이 부족했어요. 계속해서 왕은 양쪽 허벅지 살을 베어내고, 양쪽 엉덩이 살을 베어내고, 양쪽 가슴살을 베어내 저울에 함께 달았어요. 하지만 어찌 된 영문인지 베어낸 살의 무게를 모두 합쳐도 비둘기 무게보다 가벼웠어요.

마침내 왕은 온몸을 저울에 올려놓기로 했어요. 그러다 힘이 다해 쓰러지고 말았어요. 하지만 왕은 매를 조금도 원망하지 않았어요. 자신이 한 일에 대해서도 후회하지 않았어요. 오직 죄 없이 괴로움을 당하는 중생의 고통만 생각했어요. '아, 모든 중생은 괴로움의 바다에 빠져 있다. 어서 그들을 괴로움의 바다에서 건져내야 한다. 지금 내가 겪는 고통은 그들이 받을 지옥의 고통에 비하면 16분의 1에도 미치지 못한다.'

기운을 차린 왕은 몸을 다시 저울에 올려놓으려고 했어요. 하지만 또 쓰러지고 말았어요.

왕은 마지막으로 맹세했어요. '살을 베어내고 피를 흘려도 나는 조금도 괴로워하거나 후회하지 않고 한결같은 마음으로 깨달음을 구했노라. 이 말이 진실이라면 내 몸은 바로 이 순간 본래대로 회복되리라.'

그 순간, 왕의 몸은 순식간에 본래대로 회복되었어요.

『대지도론』이라는 불교의 백과사전에 나오는 부처님 전생 이야기예요. 이야기 속 왕이 바로 부처님 전생의 모습 중 하나예요. 부처님은 이처럼 처절한 인욕과 자비와 헌신적인 베풂을 통해서 부처가 될 수 있었죠. 예수나 간디나 소크라테스나 테레사 수녀 등 세상의 모든 성자(聖者)가 성자가 될 수 있었던 것도 그 같은 인욕과 사랑(자비)과 헌신적인 베풂을 통해서였고요.

두들겨 맞는 친구를 보고도 도와주지 못한 자신에 대해 심한 죄책감을 느끼고 있다는 것은 학생이 이미 비둘기를 감춰준 왕과 다름없이 훌륭한 사람이라는 사실을 의미해요. 다만, 아직 용기가 부족해 왕처럼 실천에 옮기지 못하고 있을 뿐이에요.

이 세상의 모든 생명은 자기 혼자만의 힘으로는 살 수 없게 만들어졌어요. 꽃이 씨를 머금기 위해선 곤충과 바람이 찾아와 중매를 해야 하고, 사람도 사람으로서의 결핍을 채우고 행복한 삶을 살기 위해선 다른 존재에게서 영양분을 공급받아야 해요.

어려움에 처한 사람에겐 곤충과 바람의 중매와 다른 존재로부터 공급받는 영양분이 필요해요. 우리가 그 역할을 해야 돼요. 물론 쉽지 않은 일이지만 크게 걱정할 필요는 없어요. 우리는 이미 그런 자양분을 갖고 있으니까. 우리에겐 보리심(菩提心: 불교 용어로 모든 존재 속에 자연히 존재하는 자비의 마음을 이름)이 있으니까.

그러기 위해선 먼저 마음속에 들어 있는 두려움부터 쫓아내야 돼요. 친구가 맞는 것을 보고도 도와주지 못해 죄책감을 느끼고 있다는 것은 마음속에 그보다 더 큰 두려움이 자리 잡고 있다는 증거예요. 두려움을 쫓아내기 위해서는 용기가 필요해요. 용기가 없으면 자비심과 연민을 가질 수 없고, 자비심과 연민이 없으면 두려움을 극복할 수 없거든요.

이때 필요한 것이 올바르고 진실한 동기와 정직성이에요. 올바르고 진실한 동기와 정직성은 두려움을 극복하는 열쇠예요. 내가 하려는 일에 정당한 근거와 올바르고 진실한 동기만 있다면, 어떤 불안도 나의 행동을 막을 수 없기 때문이죠. 이를 일러 '두려움으로부터의 자유'라고 해요. 달라이라마는 '두려움으로부터의 자유'에 대해 이렇게 설파하고 있어요.

"자비심과 같은 진실한 동기가 있다면, 실수를 하거나 그 일을 해결하지 못했다고 하더라도 후회할 이유는 없습니다. 내 입장에선 최선을 다한 결과이기 때문입니다.

만일 내가 실패했다면, 그것은 내가 최선을 다해도 안 될 상황이었기 때문입니다. 따라서 진실한 동기는 두려움을 없애고 당신에게 자부심을 느끼게 해줍니다.

만일 누군가를 속이려는 동기로 어떤 일을 해서 그 일에 실패한다면, 당신은 정말로 짜증이 날 것입니다. 하지만 자비로운 동기를 갖고 시도한 일에 실패한다면, 굳이 후회할 필요는 없을 것입니다. 따라서 나는 올바른 동기가 스스로를 보호하는 역할을 할 수 있으며, 두려움과 불안으로부터 자신을 지켜준다고 생각합니다."

신기한 것은 우리들이 느끼는 대부분의 두려움은 실체가 없다는 사실이에요. 그런 두려움은 다만 우리 생각이 만들어내서 우리 생각 속에만 머물고 있다는 말이에요. 학생도 마찬가지예요. 실제로 학생은 두려움 때문에 친구가 일진들에게 두들겨 맞아도 나서서 도와주지 못했고, 그 결과 죄책감이라는 심한 불안에 사로잡혀 있는 거죠. 오직 자비심과 연민만이 해결책이에요. 자비심과 연민만큼 올바르고 진실한 동기와 정직성은 없기 때문이에요. 먼저, 친구를 괴롭히는 일진들을 보며 이렇게 생각해보세요. '너희들에게도 어떤 아픔이 있겠지. 오죽하면 학교에서 폭력을 행사할까. 내겐 너희들의 아픔이 느껴진다.' 그러면서 용기를 내어 접근해 가슴의 소리를 들어주세요. 그것이 진정으로 친구를 도와주는 길이에요. 일진들은 놓아두고 친구만 도와주어보았자 도로 아미타불이 되기 십상이거든요. 원인을 제거하지 않고서는 병을 고칠 수 없잖아요. 물론 대단한 용기가 필요하겠지요. 하지만 진실하고 올바른 동기와 정직성이 강력한 원군이 되어줄 거예요.

그다음으로, 기본적인 동기를 바꾸는 거예요. 결단과 열정을 갖고 부정적인 마음을 닦고 건강한 행동을 배양하는 거죠. 그러면 그럴수록 위기의 순간에 처해도 두려워하는 마음이 현저하게 줄어들어요. 진실한 동기가 불안을 치료하는 수단이 된다는 말이죠. 부처님은 독화살의 비유를 들어 이렇게 말씀하셨어요.

"만일 어떤 사람이 독을 바른 화살에 맞았다고 하자. 가족들이 그를 곧바로 의사에게 데려가 화살을 뽑고 치료를 받게 하려고 했다. 그런데 화살을 맞은 사람이 자기를 쏜 이의 신분이 무엇인지, 이름은 무엇이고, 신장은 얼마나 되며, 피부색은 어뚫고, 출신지는 어디이며, 독화살을 쏜 활과 화살, 화살에 붙은 깃, 화살촉의 종류가 무엇인지 하나하나 판명되지 않으면 이 독화살을 결코 빼지 않겠다고 우긴다면 어떻겠는가. 아마도 그것들이 판명되기 전에 독이 전신에 퍼져 그 사람은 죽고 말 것이다."

누가 화살을 쏘았는지는 중요하지 않아요. 왜 화살을 쏘았는지도 중요하지 않아요. 중요한 것은 오직 '화살을 뽑는 데' 나를 집중하는 거예요.

두려움을 없애는 데 집중하세요. 그게 자비심이고 연민이고, 진실하고 올바른 삶이에요. 그것만이 나를 구하고 친구를 구하고 세상을 구할 수 있어요.

이제 세상 앞에 당당히 서세요. 그리고 말하세요.

"너희들이 내 친구를 때리니까 내 마음이 너무 아프다. 앞으로는 내 친구를 때리지 않았으면 좋겠다."

학생 뒤엔 또 다른 수십 개의 눈과 수십 개의 손이 있어요. 천 개의 눈과 천 개의 손을 가지고 우리 소망을 들어주는 천수천안관세음보살이 있어요. 다른 친구들과 선생님과 부모님과 경찰관이 그분들이에요.

'승자에겐 많은 친구가 있고, 패자에겐 좋은 친구가 있다'는 몽고 격언이 있어요. 진실한 동기와 용기를 갖고 자신의 살을 베어서 내준 저 왕처럼 매 맞는 친구의 '좋은 친구'가 되어주세요. 그리고 화살을 뽑아내세요.

선업은 마치 부모와 같아 좋은 곳으로 데리고 가고 악업은 마치 큰 원수와 같아 지옥이나 아귀, 축생 등의 세계로 끌고 간다. _「정법염처경」

찐따들
좀 괴롭히는 게 어때서요?

———

같은 반 애 중에 이상한 애를 건드리다가 걸려서
선생님한테 혼이 났습니다. 그런데 뭐 학교 다니다 보면
그럴 수도 있는 거 아닌가요? 제가 그 찐따를 괴롭히고 싶어서
괴롭히는 게 아니에요. 학교생활에 적응 못하고
바보같이 구니까 자기가 알아서 스스로 찐따가 된 거예요.
하도 멍청해서 다른 사람들한테 피해를 주니까 뭐라고 좀
한 걸 가지고 왜 제가 욕을 먹어야 하나요?
자기가 자기 할 일 알아서 잘하면 제가 왜 괴롭힙니까?
저도 제 할 일이 있는데 뭐 하러 힘을 들이나요?
제가 뭐라고 좀 하면서 건드리니까
벌써 선생님한테 쪼르르 달려가 일러바치는 것만 봐도
찌질하지 않나요? 남자라면 당당하게 저한테 말해야지,
뭐 하러 선생님한테 가서 이야기 하냐고요.
그런 것 때문에 그 애가 찐따가 되는 거 아닌가요?
정말 우리 반 찐따 때문에 짜증나 죽겠어요.

세상은 칼날과 같은지도 몰라요.
우리는 모두 날카로운 칼날 위에 서 있는 거죠.

사람의 마음은 아주 작고 사소한 일로도 깊은 상처를 입는 답니다. 단 한 번이라도 생각해보았는지요. 깊은 상처를 입고 어디선가 혼자 흐느끼고 있을 그 친구를. 분명한 건 학생은 지금 중요한 놀이의 규칙을 어기고 있다는 거예요. 삶도 하나의 놀이니까요. 마침 도움이 될 이야기가 있어요.

부처님의 제자 가운데 주리반특이라는 사람이 있었어요. 반특이에겐 '반득'이라는 매우 총명한 형이 있었지요. 하지만 반특이는 머리가 매우 안 좋았어요. 이를 안타깝게 여긴 반득이는 동생 반특에게 "너는 머리가 좋지 않아 어려운 것은 기억할 수 없으니 아주 쉽고 간단한 말이나 외우도록 하라"며 다음과 같은 구절을 일러주었어요.

"말과 행동과 뜻으로 잘못된 일을 하지 않고, 살아 있는 것을 죽이지 않으며, 바른 생각으로 허공의 성품을 보면 괴로움 없는 세상을 살 것이니라."

그러나 반특은 그런 간단한 가르침조차 아무리 읽어도 외울 수가 없었어요. 크게 실망한 반특은 부처님을 찾아갔어요. "부처님, 저는 아무래도 바보 천치임에 틀림없습니다. 저는 부처님 제자 되기가 애당초 틀렸나 봅니다."

이 말을 들은 부처님은 대답했어요.

"바보이면서도 스스로 바보인 줄 모르는 사람이 정말 바보다. 그런데 너는 스스로 바보인 줄 알고 있으니 정말로 바보는 아니다."

그러면서 부처님은 반특에게 빗자루 한 자루를 주었어요. 그리고 그의 형 반득이가 반특이에게 알려준 구절의 뜻을 "먼지를 닦고 때를 씻자"라고 간단하게 줄여준 뒤 날마다 빗자루로 청소를 하며 이 구절을 외우라고 했어요.

반특이는 이때부터 날마다 그 구절을 열심히 외웠어요. 빗자루로 마당을 쓸면서도 "먼지를 닦고 때를 씻자", 다른 동료들의 신발 때를 깨끗이 씻어주면서도 "먼지를 닦고 때를 씻자", 걸레질을 하면서도 "먼지를 닦고 때를 씻자"를 주문처럼 외우고 다녔어요.

그러던 어느 날 반특이는 자신의 마음에서 번뇌의 먼지와 때가 깨끗이 씻겨나가는 것을 느꼈어요. 부처님께서 그런 반특을 보고 제자들에게 말했어요.

"도를 닦음에 있어 결코 많은 지식을 쌓고 공부하는 것만이 능사가 아니다. 아무리 작은 가르침이라도 그것을 깨닫고 실천하는 것이 도를 닦는 것이다. 보아라. 반특이는 빗자루 한 자루로 세상을 깨끗이 하는 일에 열중하더니 어느 틈에 너희들보다 먼저 도를 깨닫지 않았느냐?"

'친구란, 친구의 고뇌를 자신의 고뇌로 만드는 사람이다'라는 말이 있어요. 학생이 괴롭히는 '찐따'와 '반특'이가 무엇이 다른가요? 찐따라고 해서 부처님의 제자가 될 수 없다거나, 찐따라고 해서 이 세상의 기둥이 되지 말라는 법은 없어요.

학생이 친구를 괴롭히는 것은 어쩌면 학생의 '자기 사랑'이 부족해서인지도 몰라요. 아니 어쩌면 학생의 마음 안에 그만큼 깊은 상처가 있기 때문인지도 모르죠. 그래서 남을 괴롭히는 것으로 앙갚음을 하는지도 몰라요. 괴롭히는 대상은 그 친구인 것 같지만 실제 대상은 친구의 가면을 쓰고 있는 학생의 어머니나 아버지, 혹은 학생을 괴롭힌 어떤 제삼자인지도 몰라요.

세상은 칼날이에요. 우리는 그 칼날 위에 서 있어요. 혼자서는 그 칼날 위를 걸어갈 수 없어요. 자칫 넘어지는 순간 칼날에 몸을 베여 죽고 마니까요.

안전하게 칼날 위를 걸어가는 방법은 모두 함께 걸어가는 거예요. 서로가 손에 손을 맞잡고 함께 칼날 위를 걸어가면 넘어질 위험이 없거든요. 학생과 친구는 두 몸이 아니라 한 몸이에요. 학생의 눈동자 속에 친구가 들어 있고, 친구의 눈망울 속에 학생이 들어 있어요.

모든 존재는 존재 자체로 위대하고 신비해요. 풀도, 나무도, 벌레도, 태양도, 모래 한 알도 모두 신비하고 위대한 존재예요. 하물며 만물의 영장인 사람이야말로 얼마나 위대하고 신비로운 존재인가요?

학생이 친구를 괴롭히는 건 결국 학생 자신을 괴롭히는 행위이고, 세상을 괴롭히는 행위예요. 학생 스스로 세상이라는 칼날 위에 넘어져 죽겠다는 뜻이에요. 그 친구 같은 약자들을 괴롭히다 보면 그게 습(習)이 되어 사회생활을 할 때 남을 폭행하거나 강력범죄를 저질러서 교도소에 갈지도 모르죠. 그게 세상이라는 칼날 위에 넘어져 죽는 게 아니고 뭐겠어요?

아무리 잘나고 똑똑해도 혼자서는 칼날 같은 세상을 건너갈 수 없어요. 인간은 사회적 동물이라는 말도 있듯이 사람은 수많은 존재와 관계를 맺고, 앞으로도 계속 관계를 맺으며 살아야 해요. 더불어 사는 것은 그래서 중요하죠.

이를 위해 불교에서는 이상적인 공동체 생활(더불어 살기)을 위한 네 가지 기본적인 삶의 덕목으로 사섭법(四攝法), 즉 '돕고 사는 법' 네

가지를 제시하고 있어요. 보시섭(布施攝), 애어섭(愛語攝), 이행섭(利行攝), 동사섭(同事攝)이 그거예요.

보시섭은 사랑하는 사람을 더욱 보살피는 마음으로, 가난하고 불쌍한 사람을 더욱 측은한 마음으로, 훌륭한 사람을 더욱 공경하고 존경하는 마음으로 물질과 지혜를 베푸는 것이에요. 아무런 조건 없이 물질과 지혜를 함께 베풀고 나눔으로써 공동체를 더욱 튼튼하고 건강하게 만들며, 인간관계와 친구관계를 더 바람직한 방향으로 흘러가게 하는 거죠.

애어섭은 말 그대로 항상 부드럽고 사랑스러운 말을 사용하는 거예요. 항상 온화한 말을 하며 다툼이 있기 전에 먼저 화합을 이끌어내고, 분란이 있기 전에 먼저 평화를 이끌어내고, 불안한 마음을 평안한 마음으로 이끌어주는 거죠. 설혹 상대가 나에게 아픔과 고통을 주고 비난하더라도 흔들리지 않고, 오히려 더욱 부드럽고 사랑스러운 말로 상대의 아픔과 고통을 안아주고 헤아려주는 거예요. 그럴 때 공동체는 더욱 빛을 발하며 바람직한 방향으로 개선돼요.

이행섭은 주변 사람들을 더욱 이롭게 하는 거예요. 다른 사람을 돕는 것이 곧 나를 돕는 길임을 깨닫고, 작은 이익이라도 함께 나누는 것을 말해요. 자기 혼자 이익을 독차지하려는 사람이 적을수록 공동체는 더욱 이상적인 공동체가 되고, 인간관계와 친구관계 역시 건강한 모습으로 형성돼요.

동사섭은 내 일 네 일 구분하지 않고 무슨 일이든 협심해서 함께하는 것을 말해요. 절에선 아침이 되면 어른 스님부터 이제 갓 출가한 스님까지 모두 똑같이 빗자루를 들고 청소를 해요. 그것을 울력이라고 해요. 우스갯소리로 절집에선 '울력 목탁소리가 울리면 죽은 송장도 벌떡 일어나서 나온다'는 말이 있죠. 이처럼 아무리 사소한 일이라도 함께하려는 마음자세로 임하면 그 공동체는 더욱 건강해지고, 인간관계와 친구관계 역시 아주 즐겁고 행복해지죠.

'역지사지하는 마음'도 퍽 중요해요. 학생이 그 '이상한 찐따 애'의 입장이 되어 생각해보는 거예요. 누가 자기를 '찐따'라고 부르며 괴롭힌다고 생각해봐요. 큰 상처를 받고 힘들어할 거예요.

학생이 그 '이상한 찐따 애'를 사랑스러운 말과 함께하는 마음, 이롭게 하는 마음, 베푸는 마음으로 감싸 안는데, 그 '이상한 찐따 애'가 학생에게 해를 끼치는 행동을 할 리 없잖아요. 설령 그 '이상한 찐따 애'가 정신적으로 좀 부족해서 학생에게 해를 끼치는 행동이나 말을 했다고 쳐요. 그 애가 얼마나 불쌍한가요? 그런 애를 어떻게 찐따라고 놀릴 수 있나요? 그런 애를 불쌍히 여기지 않고 찐따라고 업신여기는 내 마음이 오히려 진짜 찐따죠.

사람은 밀접함에서 편안함을 느껴요. 반특이 같은 바보도 부처님께서 친밀감을 갖고 밀접하게 대해주니까 편안한 마음으로 열심히 도를 닦아 함께 있던 제자들 중에서 가장 먼저 도를 깨우쳤잖아요. 지금은 비록 학교생활에 적응을 못하고 바보같이 굴지만 그 아이도 언젠가는 훌륭한 사람이 될 수 있어요.

살아 있는 한 인생수업은 계속돼요. 먼 인생길을 위해 지금부터 인생수업을 다시 시작해보면 어떨까요? 학생의 경우 먼저 자신의 내면에 자애(慈愛)의 마음을 키우는 연습을 하는 것이 좋겠어요. 예컨대 어려움에 처한 친구의 괴로움 앞에서 학생의 마음을 열고, 연민과 동정과 착한 마음이 자연스레 생겨나도록 하는 거예요.

먼저 이렇게 기도해보세요.

"만일 내가 다른 사람에게 몸으로, 입으로, 생각으로 잘못을 행했다면, 내가 평화롭고 행복하게 살 수 있도록 용서받기를 원합니다. 또한 누군가가 나에게 몸으로, 입으로, 생각으로 잘못을 행했다면 그들이 평화롭고 행복하게 살 수 있도록 나는 용서합니다."

나의 잘못뿐만 아니라 남이 나에게 행한 잘못까지 이해하는 마음으로 받아들이는 것이 진정한 용서죠. 그런 뒤 자애(慈愛)의 마음으로 다시 이렇게 기도해보세요.

"모든 생명 있는 존재가 행복하고 평화롭기를 기원합니다. 모든 생명 있는 존재가 괴로움에서 벗어나기를 기원합니다."

자애로운 마음으로 세상 모든 것의 평화를 기원하면 자신의 마음도 편안해질 수 있어요. 그러고 나서 이제 그 친구를 향해 이렇게 기도해보세요.

"친구야, 네가 안락하고 행복하고 평화롭기를 기원한다. 친구야, 네가 안락하고 행복하고 평화롭기를 기원하는 것처럼 이 세상 모든 존재가 안락하고 행복하고 평화롭기를 기원한다."

마지막으로 나 자신과 친구와 이 세상 모든 존재를 위해 이렇게 소원하는 거예요.

"내가 평화롭고 행복하게 살기를 축원합니다. 내가 평화롭고 행복하게 살기를 축원하는 것처럼 내 친구도 평화롭고 행복하게 살기를 축원합니다. 나와 내 친구가 평화롭고 행복하게 살기를 축원하는 것처럼 이 세상 모든 존재들이 평화롭고 행복하게 살기를 축원합니다."

매일 아침 눈을 뜰 때 이렇게 기도하고 소원한다면 자비와 연민의 감정이 마음에 스며들게 되죠. 그러면 자신의 평화는 물론이고, 친구를 괴롭히고 싶은 마음도 사라질 거예요.

실패는 없고 오직 배움만 있을 뿐이라고 했어요. 삶이라는 학교에서 우리는 지금 가장 큰 인생수업을 하는 거예요. 스스로 모든 사람들의 거울이라 생각하고 부지런히 닦아보세요.

이 세상은 오직 마음일 뿐, 그 이외의 다른 모든 것들은 없다고 보라.

_『능가경』

선생님이
너무 무능력해 보여요

저희 반 담임선생님이 진짜 무식하고 무책임하고
무능력해 보입니다. 어쩌다 이런 선생님하고 인연이 된 건지,
참 재수 없다는 생각을 하게 됩니다. 중3이니까 진짜 중요한
때인데, 이 담임선생님 밑에서는 뭔가 되려고 해도 잘될 것
같지가 않습니다. 어떻게 해서 선생님이 되었는지 궁금할 정도로
입만 열면 무식이 드러나요. 오히려 공부도 그냥 알아서
자습하는 게 나을 것 같아요. 잘못된 답을 가르쳐주는
경우가 많거든요. 친구들이 잘못되었다고 지적해야
슬금슬금 농담 식으로 핑계를 대면서 고치는 정도입니다.
또 반 활동에는 전혀 관심이나 열정도 없고,
오직 자기 혼자 나가서 놀고 싶어 하는 게 눈에 보입니다.
전날 술을 마셨는지 뭘 했는지 모르지만
자습하라면서 엎드려 잘 때도 많아요.
그냥 학교에 시간 때우러 오는 것 같아요.
이런 담임선생님 밑에서 뭘 배울 수 있을지 모르겠어요.

어떤 존재든
세상 만물은 서로 연결되어 있어요.

에스키모라는 이름으로 더 잘 알려져 있는 이누이트 족의 노래에 '물고기가 잡히지 않을까 봐 나는 늘 내 약한 낚시 바늘을 염려했습니다'라는 구절이 있어요. 학생의 고민을 들으면서 학생이 문득 그 이누이트 족이 아닐까 생각해보았습니다. 이곳보다 더 나은 그곳이 없듯, 이 선생님보다 더 나은 그 선생님도 없기 때문이에요. 모든 존재는 존재 자체로 이미 위대하고 신비로우니까요. 이 위대한 존재들 앞에서 학생이 어떤 존재를 선택해서 어떤 삶을 만들어나갈 것인가는 전적으로 학생 자신에게 달려 있어요. 거기에 필요한 답도 학생 자신 안에 들어 있고요.

'증오의 늑대 길들이기'라는 말이 있어요. 사람은 누구나 마음속에 '증오의 늑대'를 한 마리씩 키우고 있어요. 평소에는 고분고분하다 가도 먹잇감만 나타나면 번개처럼 뛰쳐나와 상대방을 사정없이 물어뜯어요. 학생이 선생님을 무능력하게 본다는 것은 지금 이 늑대가 밖으로 뛰쳐나와 선생님을 물어뜯고 있다는 말이에요. 그게 누구 책임일까요? 선생님 책임일까요? 학생 책임일까요?

살아생전 부처님 문하에는 수많은 제자가 있었어요. 부처님은 늘 제자들을 데리고 다니며 불법(佛法)의 깊은 뜻을 잘 깨닫도록 가르쳤어요.

부처님의 제자 중에 두 눈이 먼 비구(남자 스님)가 있었어요. 비구는 비록 어려서부터 불법을 배우고 익혔지만 두 눈이 먼 탓에 항상 남의 도움을 받아야 했죠.

하루는 두 손으로 더듬으며 옷을 깁다가 바늘을 바닥으로 떨어뜨렸어요. 두 눈이 먼 비구는 몸을 굽히고 바닥을 더듬으며 바늘을 찾았지만 찾을 수가 없었어요. 두 눈이 먼 비구는 혼잣말을 했어요.

"누가 나에게 바늘을 찾아준다면 복과 공덕을 쌓을 수 있을 텐데……."

때마침 그곳을 지나가던 부처님이 그 말을 듣고 눈먼 비구에게 다가갔어요.

"내가 복과 공덕을 쌓기 위해 자네의 바늘을 찾아줌세."

부처님의 목소리를 알아들은 비구는 굽힌 몸을 얼른 편 뒤 부처님 앞에 머리를 숙이며 말했어요.

"이미 넘치도록 복과 공덕을 쌓은 부처님께서 다시 복과 공덕을 쌓으시겠다니 웬 말입니까?"

부처님께서 말했어요.

"복과 공덕을 쌓기는 했지만 복과 공덕의 은혜, 복과 공덕의 보응, 복과 공덕의 힘을 나는 깊이 알고 있네. 내가 모든 사람들에게 칭송받는 이유는 바로 그 복과 공덕 때문이라네."

말을 마친 부처님은 바늘을 주워 눈먼 비구에게 건네준 뒤 비구의 마음에 맞춰 불법을 설했어요. 두 눈이 먼 비구는 부처님의 설법을 듣고 불법에 대한 눈이 더 맑아졌고, 육안(肉眼)도 더욱 밝아졌어요.

학생의 선생님은 어쩌면 이 이야기 속의 눈먼 비구인지도 몰라요. 그리고 학생은 부처님인지도 모르고요. 그러나 부처님은 바늘을 떨어뜨린 눈먼 비구를 무능하다고 비난하지 않고 손수 엎드려서 바늘을 주워주었어요.

부처님의 마음속 늑대는 마음을 잘 닦아 사랑의 늑대가 된 거지요. 그런데 학생의 마음속 늑대는 어떤가요? 아직 난폭한 성질이 그대로 남아 있어 눈먼 비구를 사정없이 할퀴고 있는 거예요.

마음속 늑대를 길들이기 위해선 먼저 착한 마음을 기르고 악한 마음을 버려야 해요. 선생님을 무능하다고 업신여기고 깔보는 것은 악한 마음이에요.

늑대를 길들이기 위해선 먼저 긍정적인 감정을 키워야 하죠. 행복,

평화, 자유, 만족, 감사 등 긍정적인 감정을 키우고 발전시켜 내 마음부터 평화롭고 행복하게 해야 돼요. 언제든지 행복한 일이 일어나기를 바라고, 가능한 한 좋은 일을 하고, 평화로운 세상이 되기를 바라는 거예요. 이런 긍정적인 감정은 우리 몸에 편안함과 안정을 주고, 마음을 고요하고 맑게 해주며, 관계를 풍성하게 해주고, 스트레스를 막아주며, 나쁜 마음을 없애줘요.

긍정적인 마음을 배양하기 위해선 우리의 교감신경계를 자극하는 것들도 잘 관리해야 해요. 주로 걱정, 굶주림, 피곤, 통증, 스트레스 등이 우리의 교감신경계를 자극하죠. 이런 것들은 자신도 모르게 뇌관을 깨뜨리고 나와 우리들의 평화를 깨뜨려요. 따라서 누군가를 만나기 전에, 혹은 일을 시작하기 전에 밥을 먹거나, 목욕을 하거나, 좋은 생각을 불러일으키는 책을 읽거나, 친한 친구와 재미있는 대화를 나누면 좋아요. 학생이라면 학교에 가기 전에 부모님과 좋은 대화를 나누거나 항상 좋은 책을 가지고 다니며 조금씩 읽는 것도 좋겠죠.

학생의 마음속 늑대가 선생님의 마음속 늑대에게 끌려가지 않도록 자신의 내면을 잘 지키는 것도 중요해요. 선생님 때문에 화가 나고, 선생님 때문에 짜증이 나고, 선생님 때문에 공부하기가 싫은 것은 이미 학생의 마음속 늑대가 선생님의 마음속 늑대에게 잡아먹히고 있다는 뜻이에요. 그것은 마치 폭포에서 떨어지는 물방울 때문에 화를 내는 것과 같아요. 스스로에게 말하세요. "선생님은 선생님이고 나는 나다. 선생님은 저기에, 나는 여기에 있다." 그러면서 선생님과 나를 분리하는 연습을 해봐요. 『장자(莊子)』에 보면 '빈 배' 이야기가 나오죠.

배로 강을 건널 때

빈 배가 떠내려와서 자기 배에 부딪히면

비록 속 좁은 사람이라도 화내지 않을 것이다.

그러나 그 배에 사람이 타고 있다면

즉시 배를 저어 떨어지라고 소리친다.

한 번 소리쳐 말을 듣지 않으면 다시 소리치고

그래도 듣지 않으면 세 번째 소리치며

반드시 나쁜 소리가 뒤따르게 마련이다.

처음에는 화를 내지 않다가 지금 화를 내는 것은

처음에는 빈 배였고 지금은 누군가가 타고 있기 때문이다.

만약 사람들이 자기를 비우고 세상을 산다면

누가 그를 해치겠는가?

불교에서는 이것을 깨달음이라고 해요. 똑같은 상황이라도 생각의 대전환이 일어나는 것을 말하죠. 부처님이 보리수 아래서 깨달음을 얻으신 것도 바로 인생을 바라보는 관점과 생각에 대전환이 일어난 것뿐이에요. 똑같은 빈 배라도 내 생각과 관점에 따라서 마음속 늑대가 물어뜯는 배가 있고, 마음속 늑대가 평화로운 배가 있어요.

그 '생각'이 문제예요. 그 생각이란 놈이 늑대를 사납게 부추기기도 하고, 늑대를 부처로 만들기도 해요. 생각이란 놈은 또 묘한 에너지 파장을 갖고 있어요. 과거로 가면 분노 파장을 불러오고, 미래로 가면 근심 걱정과 두려움의 파장을 몰고 와요.

그렇다고 생각을 안 하고 살 순 없어요. 생각이 없으면 무지하고 캄캄한 삶을 살 수밖에 없거든요. 부처님께서 깨달음을 이루신 뒤 '사람이 바르게 살기 위해 실천해야 하는 여덟 가지 길'인 팔정도를 설하면서 '바르게 생각하기'인 정사유(正思惟)를 두 번째 길로 제시한 것도 그 때문이에요.

생각의 대전환이란 악의를 선의로 바꾸는 것을 말해요. 나쁜 의도를 선한 의도로 전이시켜, 악한 마음 작용을 선한 마음 작용으로 바꾸는 것이죠. '바르게 생각하기'는 이때 그 마음 작용이 좀 더 바람직하고 건강하게 작동하도록 유도하는 것을 일러요.

먼저 해야 할 일은 나 자신에게 스스로 연민하는 마음을 갖는 거예요. 선생님이 무능하다고 여겨지는 순간, 선생님을 그렇게 바라볼 수밖에 없는 내 마음을 측은지심으로 바라보는 거예요.

두 번째, 선생님이 무가치하다고 생각되는 순간, 내 악의의 방아쇠를 점검해보는 거예요. 학생 스스로가 선생님을 너무 과소평가하고 있는 것은 아닌지, 선생님의 좋은 점은 애써 외면하고 나쁜 점만 찾아내려고 하지는 않는지 되돌아보는 거예요.

셋째, 선생님과 나 사이에 균형을 유지하는 거예요. 선생님은 나에게 아무런 생각을 하지 않는데 학생 혼자만 선생님을 나쁘게 생각하고 있는 것은 아닌지, 선생님과 나 사이에 천칭 저울을 놓고 선생님의 마음과 내 마음을 달아보는 거죠.

넷째, 관용 연습하기예요. 학생을 짜증나게 하는 선생님을 대상으로 삼아 내 관용과 인내심을 키우는 훈련을 하는 거예요. 이 훈련은 앞으로 학생이 세상을 살아가는 데 유용한 무기가 될 거예요.

존재론적 측면에서 보면 인간만큼 신비하고 위대한 존재는 없어요. 허블의 빅뱅이론에 의하면, 약 2백억 년 전에는 우주가 하나의 점과 같은 상태였다고 해요. 그런데 그 점이 대폭발해 현재의 우주가 만들어졌다는 거죠. 그 뒤로 백만 년 동안 우주에 각종 소립자가 만들어지고, 태양계와 은하계가 만들어지고, 그 소립자 중에 하나가 진화해 약 3백만 년 전부터 현재와 같이 직립보행을 하는 인간이 탄생했다고 해요. 이것 하나만으로도 인간은 얼마나 신비롭고 귀한 존재인지 몰라요. 그렇게 신비롭고 경이로운 존재를 누가 미워할 수 있나요? 하물며 날마다 마주치고 사는 사람이야 더 말할 나위가 없죠. 어쩌면 학생에게 담임선생님은 부처님이거나 예수님인지도 몰라요. 테레사 수녀는 자신을 찾아오는 나병환자나 거지를 보면 '아, 나병환자로 변장한 그리스도가 찾아오셨구나' '아, 거지로 변장한 그리스도가 찾아오셨구나' 하고 극진히 모셨다고 해요. 그래서 인류사에 빛나는 위대한 성녀(聖女)가 된 거예요. 내 마음속 늑대가 날뛸수록 '나'라는 자아의식을 버리고 관용 연습을 해야 하는 건 그 때문이죠. 그런 점에서 학생은 행운아인지도 몰라요. 담임선생님처럼 관용 연습하기에 좋은 대상이 없을 테니까요. 이제부터라도 관용하는 마음으로 담임선생님의 좋은 점을 찾아보세요. 정의에 대한 믿음을 갖고 선생님의 좋은 점을 바라보며 선생님과 소통해보세요. 담임선생님이 이 세상에서 가장 친밀한 친구가 될지도 모르니까요.

영어 속담에 '존재하는 모든 것은 옳다'는 말이 있어요. 알렉산더 포프라는 철학자가 『인간론』에서 한 말이에요. 우리는 서로 입장만 다를 뿐, 존재하는 모든 것은 옳아요. 사과가 열리지 않아도 사과나무는 사과나무예요. 사람을 대할 때 자의식과 선입견을 버리고 존중하는 마음으로 대하면 훨씬 더 바람직하고 건강한 인간관계를 맺을 수 있어요.

학생의 담임선생님은 담임선생님 그대로 있을 뿐이에요. 오직, 그런 담임선생님을 받아들이는 학생의 마음속 늑대에게 잘못이 있을 뿐이에요. 담임선생님은 원래 제로 상태인 빅뱅 이전의 우주로서, 부처로서, 창조주로서 그렇게 있을 뿐이에요. 다만 학생이 마음속 늑대를 끌고 나와 분별하고 판단하면서 학생 스스로 지옥살이를 하고 있는 거예요.

불교적으로 풀면, 담임선생님이 그렇게 못마땅하게 여겨지는 것은 학생이 가진 업의 태엽이 그렇게 풀리고 있어서인지도 몰라요. 아니면, 학생의 나쁜 업장을 풀어주기 위해 담임선생님이 지금 가면을 쓰고 마음공부를 시키고 있는지도 모르죠. 멀리서 보면 섬과 대륙이 따로따로 존재하지만 바다 밑으로 들어가면 대륙붕 하나로 연결되어 있듯이, 담임선생님과 학생은 둘이 아니라 '인간'이라는 존엄한 대륙붕 하나로 연결되어 있으니까요. 그렇다면 내가 나를 미워할 순 없겠지요? 필요한 해답은 모두 나 자신 안에 있으니까요.

물은 둥근 그릇에 담으면 둥글게 되고 네모난 그릇에 담으면 네모가 된다. 하지만 물 그 자체는 모양이 없는 것이다. _「수능엄경」

학교 가는 게
무서워요

스님, 저는 요새 학교 가는 게 정말 무서워요.
원래 중학교 다닐 때는 그렇지 않았어요. 낯가림은 좀 있는
편이지만 친구 사귀는 게 별로 힘들지도 않았어요.
착하다는 칭찬도 자주 들었고요. 그런데 고등학교에 올라가자
상황이 좀 변했어요. 개학하고 얼마 안 돼
정말 아무것도 아닌 사소한 일 때문에 오해를 샀는데,
그게 좀 억울해서 울었거든요.
근데 그 뒤부터 무슨 일만 있으면 놀림을 받고,
반 아이들이 뒤에서 수군거리기 일쑤예요.
친한 친구도 한 명 생기지 않고요.
왠지 모르지만 목소리도 줄어들고 자신감도 생기지 않아요.
아침에 눈을 뜰 때마다 오늘도 학교에 가야 한다는
사실이 막막하고 괴로워요.
어떻게 해야 할까요?

우리의 행복은
서로 다른 길 위에 놓여 있어요.

학생의 마음을 알 것 같아요. 그 괴로운 마음 호주머니 속에 넣고 다니느라 퍽 무거웠겠어요. 비슷한 경우일지 모르지만, 스님과 자주 만나는 분 가운데 조민주라는 어머니가 있어요. 50대 중반의 조민주 어머니는 '행복 님'이라는 별칭으로 불리기도 해요. 조민주 어머니가 행복 님이 된 데엔 기막힌 사연이 있어요.

조민주 어머니의 젊은 시절은 화려했어요. 풍족한 집안에 막내딸로 태어나 별 어려움 없이 자랐고, 얼굴도 예쁜 데다 우리나라 최고의 미술 명문대학에서 미술 공부를 했어요. 그리고 공군사관학교를 나온 조종사와 결혼해 행복하게 살았죠.

조민주 어머니에게 불행이 닥친 건 2년 전이에요. 건강검진을 했는데 뜻밖에 유방암 3기 진단을 받은 거죠. 청천벽력 같은 소식에 조민주 어머니는 죽고만 싶었어요. 암도 암이지만, 유방을 도려내야 한다고 하니까 여자로서 생명이 끝났다고 생각한 거예요.

죽기로 작정한 조민주 어머니는 차를 몰고 부산으로 갔어요. 해운대 자살바위 등을 돌아다니다 기왕이면 집이 있는 서울 쪽에서 죽자는 생각을 하고 밤새 차를 달려 다시 서울로 돌아왔어요. 마지막이라는

생각으로 조민주 어머니가 간 곳은 서울 남산 타워였어요.

그런데 극적인 일이 일어났어요. 투신자살할 생각으로 남산 타워에 올라가 서울의 밤거리를 내려다보던 조민주 어머니에게 갑자기 한 생각이 미친 거예요.

수많은 차가 붉은 꼬리등을 켠 채 꼬리에 꼬리를 물고 서울 시내를 휘젓는데, 아무런 막힘없이 잘도 흘러가는 거예요. 수많은 길 가운데는 반듯한 길도 있고, 좌회전하는 길도 있고, 우회전하는 길도 있고, 유턴하는 길도 있을 텐데, 자동차는 불빛을 켠 채 순리적으로 잘도 흘러가더라는 거예요.

그걸 본 조민주 어머니는 깨달았어요. 사는 데도 순리가 있다는 것을. 서울 시내에 수많은 길이 얽혀 있지만 꼬리에 꼬리를 물고 각자 갈 길을 찾아 순리적으로 잘 흘러가는 자동차를 보면서 조민주 어머니는 자신의 길을 찾은 거예요.

'그래. 모든 인간사에는 분명히 길이 있어. 아무리 죽을 경우에 부닥쳤어도 헤쳐 나갈 방법은 있어. 저 수많은 길 가운데 분명히 나의 길도 있을 거야.'

조민주 어머니는 또 생각했어요. '아직은 주변 사람들을 놓치기 싫어. 지금까지 못해보고 산 것도 더 하고 싶어. 삶에는 물음표도 있고 느낌표도 있고 마침표도 있지만, 쉼표도 있잖아. 내가 이렇게 암에 걸린 것도 이유가 있을 거야. 조물주께서 나에게 잠깐 쉬었다 가라

고 마침표 대신 쉼표를 주신 거야.'
조민주 어머니의 '행복'은 거기서부터 다시 시작되었어요.

> "'속상해 죽겠어' 하면 정말로 속상해 죽어요. 사람이 속이 상
> 하면 죽잖아요. 그래서 앞으로는 절대로 '속상하다'는 말은 하
> 지 않기로 했어요."

1년 전에 유방암 수술을 받고 항암 치료도 잘 받은 조민주 어머니는
지금 어느 때보다 즐겁고 기쁜 마음으로 행복한 삶을 살고 있어요.
치료 결과도 아주 좋아요. 자신을 탓하고 인생을 탓하고 주변 사람
과 환경을 탓하는 대신, 자신을 받아들이고 자신이 처한 환경도 받
아들이며 항상 긍정적인 마음으로 주변 사람들과 잘 어울리며 즐겁
고 기쁘게 살기 때문이에요.
조민주 어머니처럼 학생에게도 길은 있어요. 지금 학생에게 필요한
길은 '소통과 나눔'이에요. 친구들과 소통과 나눔만 잘해도 학생이
겪는 어려움은 90퍼센트 이상 해결할 수 있어요. 친구들과 속마음
을 나누고 소통하는 힘이 부족하다 보니까 지금 학교생활에서 많은
어려움을 겪고 있는 거예요.

내 이야기를 하기 전에 역지사지하는 마음으로 먼저 상대방의 입장이 되어서 생각해보세요. 그게 소통의 기본이에요. 상대방이 무엇을 생각하고 느끼며, 무엇을 좋아하고 싫어하는지도 모르면서 소통을 잘할 순 없잖아요.

그러기 위해선 먼저 친구들의 마음을 느껴야 돼요. 가장 좋은 방법은 눈으로 말하는 거예요. 눈으로 말하는 것만큼 진정한 사랑과 만남은 없어요. 말하는 상대방의 눈동자를 바라보며 고개 한 번 끄덕여주는 것만으로도 상대방의 마음은 활짝 열리거든요.

그런 친구들을 위해 청소년 행복단추학교에서 실습하는 것이 있어요. 바로 '눈으로 말하기' 연습이에요. 심리치료에서 많이 쓰는 방식인데, 두 사람씩 짝을 지어서 아무 말 않고 1분 동안 상대방의 눈동자를 바라보는 거예요. 처음에는 대부분의 학생이 단 2~3초 동안도 상대방의 눈을 바라보지 못해요. 엉거주춤하고 어색한 몸짓으로 눈길을 돌리기 십상이죠.

단 1분간의 침묵이 견디기 힘들어 상대방에게 괜한 말을 거는 친구도 있고, 일부러 무표정하게 상대방의 눈을 바라보는 친구도 있는가하면, 아예 처음부터 눈을 아래로 내리깐 채 상대방을 외면하기도 해요. 1분 동안의 길고도 짧은 침묵 속에서 참가자들은 대부분 자신들이 그동안 얼마나 건성으로 친구들과 엄마, 아빠, 선생님들과 얘기를 나눴는지 깨닫고 반성하게 되죠.

그때 이렇게 물어요. "상대방의 눈동자에 누가 들어 있나요?" 그런 뒤 다시 1분 동안 상대방의 눈동자를 바라보게 해요.

그 순간 놀라운 변화가 일어나요. 짧은 시간이 흐르는 동안 대부분의 참가자들이 상대방의 눈동자 속으로 깊이 빨려 들어가요. 그리고 상대방의 눈동자 속에 들어 있는 나를 발견하고, 내 눈동자 속에 들어 있는 상대방을 발견해요.

그때 바로 본격적인 치유가 시작돼요. 서로의 눈동자에 박힌 외로움과 그리움과 아픔과 상처, 그리고 기쁨을 발견해내면서 두 사람이 하나가 되는 거예요.

더 놀라운 것은 그렇게 짧은 침묵 속에서 그저 서로의 눈동자만 바라보았을 뿐인데도 곳곳에서 울음이 터져 나온다는 사실이에요. 그만큼 우리는 서로 상대방의 따스한 사랑과 관심을 바라고 있었다는 뜻이고요. 불교에서는 이것을 자애(慈愛)명상 또는 자관(慈觀)이라고도 해요.

자애명상, 즉 '눈으로 말하기'는 이처럼 말로 표현할 수 없는 그 이상의 무엇인가를 말해주고 있어요. '존재의 아름다움'이에요. 우리는 존재하는 것 그 자체만으로도 참으로 신비하고 아름답고 사랑스런 생명이에요. 평소 우리가 미처 깨닫지 못하고 있을 뿐이죠.

다음으로 제가 주문하는 건 서로 포옹하고 '가슴으로 대화하기'예요. 자애명상의 연속인데, 눈으로 나누는 대화를 끝낸 뒤 두 사람이 서로 꼭 끌어안고 상대방의 귀에 대고 자애로운 말을 속삭이게 하는 거죠. 그 순간 다시 놀라운 기적이 일어나요. 많은 학생들이 그 순간 난생 처음으로 가장 따스한 말, 가장 바랐던 말, 가장 사랑스러웠던 말을 들었다고 고백해요. 눈과 가슴으로 하는 소통은 이처럼 순식간에 상대방과 나를 한 몸이 되게 해요.

소통과 나눔을 잘해야 하는 이유는 또 있어요. 자신의 생각과 감정을 나누지 않고 살면 병에 걸려요. 사람의 생각과 감정은 생물과 같아서 움직이지 않으면 썩거든요. 그게 만병의 근원인 스트레스예요. 내 생각과 감정이 밖으로 나가지 못하고 갇혀 있으면 가슴을 억압하고, 몸을 억압하고, 끝내는 생명까지 억압하죠. "화병으로 죽는다"는 말이 있잖아요. 화병, 그게 바로 내 생각과 감정이 밖으로 분출되지 못하고 가슴 안에 쌓여서 생긴 병이에요. 실은 학생도 지금 화병에 걸려 있는 거예요.

사랑하는 사람에게 세상에서 줄 수 있는 가장 좋은 선물은 사랑하는 사람의 이야기를 가슴으로 들어주고, 눈으로 말해주는 거예요. 가족은 물론, 친구들과 선생님, 이웃의 말을 가슴으로 들어주고 눈으로 말해줄 때 나도 비로소 그들의 마음속에 사랑으로 들어가 자리를 잡죠. 내가 먼저 상대방을 사랑으로 받아들인 만큼 상대방도 나를 사랑으로 받아들여주지 않을 리 없잖아요.

중학교 다닐 때까지만 해도 학생이 친구 사귀는 데 별로 힘들지 않고 착하다는 칭찬도 자주 들었다는 것은 그만큼 소통과 나눔을 잘하고 살았다는 뜻이에요. 그런데 고등학교에 올라온 뒤 사소한 일로 오해받고, 그것을 기화로 놀림을 받으며 친한 친구도 한 명 생기지 않고 자신감도 없어졌다는 것은 그만큼 소통과 나눔을 잘 못하고 산다는 말이에요. 그러다 보니 아침에 눈뜨면 학교에 가야 한다는 사실이 막막하고 괴로운 거고요. 그게 바로 소통과 나눔의 부재로 생긴 스트레스이고 병이에요.

이제부턴 친구들에게 주눅 들고 꿀릴 필요 없어요. 학생이 무엇을 잘못했나요? 설혹 잘못을 좀 했으면 어때요? 친구들에게 본인의 생각과 감정을 털어놓으세요.

"너희들이 내 뒤에서 수군거려 내 마음이 좀 불편하다. 다음부턴 수군거리지 말아주었으면 좋겠어."

"너랑 친구하면 내 기분이 좋겠는데 네 생각은 어떠니? 나랑 친구해줄 수 없겠니?."

"엄마, 아침에 눈뜨면 학교 가기가 싫고 막막하고 괴로워요. 무슨 방법이 없을까요?"

"선생님, 제가 학교 오기가 싫고 괴로워요. 어떻게 하면 좋을까요?"

이렇게 자신의 생각과 감정을 가감 없이 털어놓고 분출한 다음, 수군거리는 친구들의 눈동자를 바라보며 이야기하는 거예요.

"너와 한 반이 되어서 얼마나 고마운지 몰라."
"너를 사랑할 수 있는 마음이 생겨서 얼마나 좋은지 몰라."
"앞으로 내가 네게 가장 편안한 사람이 되어주겠어."
"너를 이 세상에서 가장 소중한 사람으로 대할게."

가슴으로 그들에게 말을 건넨다면 어느 날 수군거리던 친구들이 천사가 되어 다가올 거예요.

세상살이에 곤란 없기를 바라지 마라. 세상살이에 곤란이 없다면 업신여기는 마음과 사치한 마음이 생기나니, 성인이 말씀하시되 근심과 곤란으로써 세상을 살아가라고 하셨다. _「보왕삼매론」

때리는 선배들이
무서워요

중학교에 입학한 지 얼마 안 돼 무서운 선배들한테 혼이 났어요.
학교에서 선배들 옆을 지나치는데 대뜸 이리 와보라고
부르는 거예요. 제 눈매가 날카롭게 생겨서 잘못 보면
사람을 째려보는 것 같거든요. 아마 그래서 제가 선배들을
째려봤다고 오해한 것 같아요. 욕을 하고 화를 내는데
저는 너무 겁이 나 무슨 말인지도 못 알아먹고
그냥 죄송하다며 고개를 푹 숙이고 있다가,
몇 대 맞고 나서 풀려났어요. 선배들은 이름만 대면 다 아는
무슨 파에 소속되어 있다고 하더라고요.
떼로 뭉쳐 다니며 학교 애들 돈도 뺏고
옥상에 따로 불러내 때리기도 한다고 소문이 자자해요.
아무래도 제가 잘못 찍힌 것 같은데
어떻게 학교생활을 해야 하죠? 너무 암담해요.

인생은 관계와 소통을 통해
자신을 찾아가는 수업이에요.

학생도 퍽 힘든 인생수업을 하고 있군요. 살아 있는 한 인생수업은 계속된다는데, 지금 같은 상황이라면 앞으로 학교 다닐 일이 정말 암담하겠어요. 하지만 너무 걱정하진 마세요. 성공한 경험만큼, 실패한 경험을 통해서도 인간은 배우니까. 『법구비유경』이라는 부처님 책에 이런 이야기가 나와요.

하루는 부처님께서 70명의 제자들을 데리고 길을 가고 있었어요. 그러던 중 길가에 떨어져 있는 종이 한 장을 보았죠. 부처님께서 한 제자에게 말했어요. 그 종이를 주우라고.
부처님의 분부대로 제자는 종이를 주웠어요. 그러자 부처님께서 물었어요. "제자야, 그 종이는 무엇에 썼던 것인가?"
제자가 대답했어요. "네, 부처님. 향을 쌌던 종이입니다. 버려져 있는 종이지만 아직도 향내가 배어 있습니다."
제자들과 함께 다시 길을 가는데 이번에는 길가에 새끼줄이 놓여 있었어요. 부처님께서는 또다시 한 제자에게 그 새끼줄

을 주우라고 했어요. 그런 뒤 물었어요. "제자야, 그 새끼줄은
무엇에 썼던 것인가?"

제자가 대답했어요. "네, 부처님. 비린내가 나는 것으로 보아
썩은 생선을 묶었던 새끼줄인가 봅니다."

그 말을 들은 부처님께서 제자들에게 말했어요. "사람은 본래
깨끗하지만 인연 따라 죄와 복을 짓게 된다. 현명하고 어진 사
람을 가까이하면 생각과 뜻이 높아지고, 어리석고 못난 사람
을 가까이하면 재앙과 고통을 만난다. 이는 마치 향을 싼 종이
에서 아직도 향냄새가 나고, 썩은 생선을 묶은 새끼줄에서 아
직도 비린내가 나는 것과 같다. 사람들은 그렇게 무엇엔가 점
점 물들어가면서도 자신이 대체 무엇에 물들어가는지 깨닫지
못한다."

이 이야기를 읽을 때마다 저는 전율을 느껴요. 나는 지금 향 싼 종
이로 살고 있는가, 썩은 비린내를 풍기는 새끼줄로 살고 있는가. 그
때마다 저도 인생수업을 다시 해요. 관계에 대해서, 소통에 대해서,
자의식에 대해서, 용서와 베풂에 대해서.

그럴 때마다 이런 사실을 깨닫죠. 본래부터 새끼줄과 종이에 냄새가
있는 게 아니라는 것을. 오히려 새끼줄로 향을 묶었다면 새끼줄에서

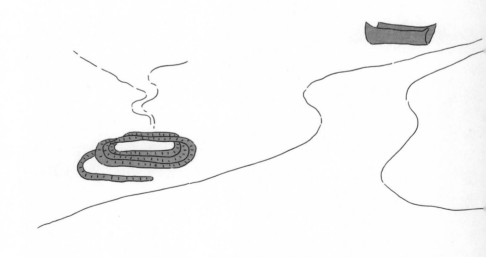

향냄새가 났을 것이고, 종이로 썩은 생선을 싸놓았다면 종이에서 비린내가 났을 거라는 것을. 사람 역시 어떤 인연을 만나고 어떤 행위를 하느냐에 따라 삶의 그릇에서 어떤 냄새가 날지 모른다는 것을. 그래서 부처님께서는 또 다음과 같은 노래로 제자들에게 인생수업을 시켰어요.

나쁜 사람에게 물드는 것은
냄새나는 물건을 가까이하는 것과 같아
조금씩 조금씩 허물을 익히다가
자신도 모르게 나쁜 사람이 된다.

착한 사람에게 물드는 것은
향기를 쐬며 가까이 하는 것과 같아
지혜를 일깨우며 선을 쌓아
자신도 모르게 착한 사람이 된다.

하루 스물네 시간이라는 삶의 학교에서 우리는 날마다 수업을 받고 있어요. 아침에 눈뜰 때부터 다음 날 아침에 다시 눈뜰 때까지 수업은 계속되죠. 우리는 거기서 쓸모 있는 것을 배울 수도 있고, 쓸모없거나 어리석은 것을 배울 수도 있어요. 한번 잘못 배운 나쁜 수업은 썩은 생선 비린내처럼 수정하기가 퍽 힘들어요. 하지만 잘 배운 좋은 수업은 어떤 경우라도 나를 바른 길로 잘 인도해줘요.

그러기 위해 학생이 먼저 해야 할 일이 있어요. 소통과 교류, 그리고 나눔이에요.

선배들이 지나가는 학생을 불러 폭행한 것도 따지고 보면 소통이 없었기 때문이에요. 물론 스님이 이렇게 말하면 좀 억울한 생각이 들겠지만, 엄밀히 객관적인 사실만 놓고 따져봤을 땐 그렇다는 말이에요. 사전에 선배들과 조금만 소통했더라도 선배들이 학생의 인상을 보고 오해하지는 않았을 테니까요. 꼭 소통해야 할 자리에서 소통하지 않고 살면 억울한 피해와 고통을 당하기 마련이거든요. 그리고 끝내는 잘못 배운 그 수업 때문에 자신도 모르게 비린내를 풍기며 살게 될지도 모르고요.

소통 수업을 위해선 먼저 열린 몸과 마음으로 소통을 잘해야겠다는 의지를 세워야 해요. 그런 뒤 상대와 함께한다는 느낌으로 상대방에게 주의를 집중하세요. 상대방의 내면의 소리에 집중하다 보면 상대방의 움직임과 자세, 동작, 행동, 언어가 하나씩 보이기 시작해요. 이때 중요한 것이 있어요. 상대방의 몸짓이나 언어를 내 기준이나 생각으로 판단하거나 분석하거나 분별해서는 안 돼요. 오히려 상대방의 움직임에 맞춰 내 몸과 마음이 어떻게 변화하고 있는지 알아차리는 것이 더 중요해요.

다음으로 상대방의 얼굴과 눈을 바라보며 상대방의 감정을 있는 그대로 느끼고 받아주는 거예요. 눈은 마음의 창이라는 말도 있듯이, 상대방의 얼굴과 눈을 바라보고 있으면 상대방의 내면에서 울리는 소리가 나에게 말을 걸어오기 시작하지요. 이때 내 몸과 마음으로 상대방의 내면의 소리에 공명하면 진정한 소통이 시작돼요. 이것을 공감 주고받기라고 해요.

그러나 아무리 공감 주고받기를 잘한다고 해도 소통 수업이 다 잘되는 건 아니에요. 효과적인 소통 수업에도 몇 가지 원칙이 있어요.

첫째, 자신의 깊은 감정과 욕구와 함께하되 책임을 져야 해요. 그것은 상대방의 깊은 감정과 욕구를 잘 받아들여줘야 한다는 말이기도 해요. 어떤 말과 정서든 주거나 주어지는 보상에 집중하고 반추할 때 소통은 커다란 힘을 발휘할 수 있어요.

둘째, 자신의 원칙을 확고히 갖고 있되, 상대방에게서 어떤 반응, 특히 좋은 반응을 이끌어내려고 해선 안 돼요. 상대방을 설득하거나 변화시킬 목적으로 소통하면 상대방도 나를 설득하거나 변화시킬 목적으로 소통하고, 결국 그 소통 수업은 망가지죠. 특히 과장된 말이나 격앙된 말은 금물이에요. 심리학자인 마셜 로젠버그의 비폭력적 커뮤니케이션은 이럴 때 아주 좋은 대화 방법이에요.

'X가 일어났을 때(사실만을 묘사하며, 일체의 판단을 하지 않는다), 나는 Y라고 느꼈는데(특히 아주 미세하고 깊고 연약한 정서를 말한다), 그건 Z를 원하기 때문이야(근본적인 필요와 나의 소망을 이야기한다).'

학생의 경우 "선배님들, 원래 제 눈매가 날카롭게 생겨서 잘못 보면 사람을 째려보는 것 같거든요. 그런데 선배님들이 오해를 하고 저를 때려서 마음이 힘들어요. 이렇게 태어나서 어쩔 수 없으니 선배님들이 오해하지 말고 앞으로는 저를 때리지 않았으면 좋겠어요" 하고 얘기해볼 수 있을 거예요.

셋째, 대화를 하는 동안 정직하고 진실한 말로 몸에 나타나는 정서까지 상대방에게 전하는 것이 좋아요. 특히 누구와 함께 문제를 해결하기 위해 소통하는 중이라면 사실관계부터 명확히 파악한 뒤, 소통의 주제를 과거가 아닌 미래에 두는 것이 좋아요. 처음엔 상대방이 받아들이지 않더라도 시간이 흐르면 상대방도 분명한 진실을 알게 될 수 있으니까요.

마지막으로, 소통 수업에서 무엇보다 중요한 것은 어떤 경우라도 상대방에 대한 한없는 자비와 연민과 친절을 잊지 않는 거예요. 어떤 환경이 되었든지 지금의 상황과 환경이 만들어진 원인과 조건을 잘 살펴본 뒤, 그것이 결국은 내 탓이고 인과(因果)임을 깨닫고 한없는 자비와 연민과 친절로 상대방을 끌어안아주라는 거예요. 자비와 연민과 친절이야말로 인간만이 가질 수 있는 삶의 꽃이요, 가장 강력한 삶의 무기이기 때문이죠. 어쩌면 이것이 소통 수업의 알파이자 오메가인지도 몰라요.

자비와 연민과 친절의 첫 번째 교과목은 용서와 관용이에요. 이 세상에서 가장 큰 복수는 용서와 관용이라는 말이 있죠. 용서와 관용이야말로 자비와 연민과 친절의 밑거름이에요. 하느님께서 "원수를 사랑하라"고 말씀하신 것도 그 때문이에요. '웃는 얼굴에 침 못 뱉는다'고, 상대가 아무리 돌팔매질을 해도 자비와 연민과 친절의 마음으로 내가 가만히 있으면 상대도 제풀에 겨워 저절로 돌팔매질을 멈추죠.

자비와 연민과 친절의 두 번째 교과목은 사과예요. 잘잘못을 떠나 무조건 내가 먼저 사과하고 나서는 거예요. 상대가 나를 기분 나쁘게 하고 불쾌하게 한 것도 깊이 따지고 보면 내 탓인 경우가 많아요. 천주교에서 행하고 있는 '내 탓이오!' 운동이 거기에서 비롯된 거예요. 불교적으로 보면, 이 세상의 모든 존재는 인과와 연기적으로 존재하고 있다는 뜻이죠. 그 사람이 나에게 화를 내고 못살게 구는 것도, 따지고 보면 전생 또는 현생의 어느 땐가 내가 그만한 인(因)을 쌓았기 때문이고, 그래서 지금 그 과(果)를 받고 있는 거예요.

그러니까 아무 죄도 없이 선배들에게 두들겨 맞아 억울하고 무섭다고 생각하지 말고, 언젠가 내가 선배들에게 두들겨 맞을 만한 업을 지었기에 지금 그 과를 받고 있다고 생각해버리세요. 그러면 마음이 훨씬 자유롭고 학교생활도 암담하게 느껴지지 않을 거예요. 혹시 알아요. 전생에는 거꾸로 학생이 그 선배들을 아무렇지도 않은 일로 불러다 때리고 구박했는지도. 그게 바로 불교에서 말하는 인과법칙이고, 천주교에서 말하는 '내 탓이오!' 운동이에요.

성공은 도착이 아니라 여정이에요. 학생 자신이 언제나 향을 싼 종이라는 사실을 잊지 마세요. 그리고 어깨를 펴고 당당하게 선배들과 대면하세요.

마음이 하늘도 만들고 지옥도 만들고 극락도 만드나니, 마음을 쫓지 말고 마음의 주인이 되어라. _『장아함경』

친구한테
계속 돈을 뺏겨요

우리 학교 일진이 게임할 돈이 없다고 저한테

돈을 빌려달라고 했어요. 처음 한두 번은 그러려니 했는데,

그 뒤부턴 습관이 돼서 저만 보면 제 돈을 전부 가져가요.

지금까지 가져간 액수만 해도 백만 원이 넘어요.

돈이 없다고도 해봤는데,

그럴 때는 따로 불려가서 집단으로 얻어맞았어요.

엄마한테 말하긴 힘들고……,

맞는 건 짜증나고, 싫고…….

마음속에 복수심이 차니까 극단적인 생각밖에는 들지 않아요.

하루에도 몇 번씩 어떻게든

해코지를 해야겠다는 생각을 하게 되고요.

물론 걔들이 힘이 세니까 지금은 당하고 있을 수밖에,

그저 참고 있을 수밖에 없지만요…….

대체 어떻게 해야 할지 모르겠어요.

**힘이 들수록
자기 자신을 잃지 마세요.**

우선 혼자가 아니라는 사실을 깨달으면 좋겠어요. 매 순간 엄마, 아빠, 선생님, 친구들은 물론이고 산과 별과 강과 하늘과 꽃과 바람이 함께하고 있다는 사실을 잊지 마요. 깊은 밤 옥상에 올라가 밤하늘의 별을 쳐다보면 혼자가 아니라는 확신이 들 거예요. 하지만 현실을 무시할 순 없겠죠. 이제부터 함께 고민을 풀어보기로 해요.

부처님의 친척 가운데 제바달다라는 사촌 아우가 있었어요. 매우 총명했던 그는 부처님에게 출가해 제자가 되었어요. 부처님이 나이가 들자 제바달다는 부처님에게 승단을 물려줄 것을 요구했어요. 그러나 부처님이 말을 들어주지 않자 아세왕에게 부탁해 부처님을 죽이려고 했어요. 아세왕은 제바달다의 도움으로 아버지를 죽이고 왕위에 오른 자였어요. 어느 날 제바달다는 부처님의 제자들이 부처님을 떠나 무리를 지어 각지로 흩어졌다는 말을 듣고 아세왕을 부추겼어요.
"왕이시여. 부처의 제자들과 수많은 승려들이 성을 떠나고 성안에는 이제 부처와 아난 그리고 5백 명의 승려들만 남았습니다. 이 기회를 노리면 그들을 다 죽일 수 있습니다."

제바달다는 아세왕과 계략을 꾸몄죠. 이튿날 부처를 아세왕의 궁궐로 불러 공양을 하라고 한 뒤 부처와 승려들이 궁궐로 오면 술 취한 코끼리 5백 마리를 풀어 미친 듯이 달리게 해 그들을 밟아죽일 셈이었어요. 코끼리는 힘이 장사일 뿐 아니라 술에 취하면 발광을 해 사람과 동물을 마구 공격하는 습성을 갖고 있었기 때문이죠. 계략을 꾸민 제바달다와 아세왕은 다음 날 정말로 부처님을 초청했어요.

부처님은 그들의 계략을 뻔히 알고 있었지만, 기쁘게 받아들였어요. 부처님은 아난과 5백 승려를 거느리고 궁궐로 향했어요. 반쯤 길을 갔을 때였어요. 별안간 술 취한 코끼리 5백 마리가 사람들에게 무자비하게 달려들었어요. 하지만 부처님과 아난 그리고 5백 승려들은 조금도 흔들리지 않고 궁궐로 향하던 길을 갔어요. 술 취한 코끼리들이 눈앞까지 달려왔지만 부처님은 조금도 피하지 않았어요.

그 순간 놀라운 일이 벌어졌어요. 큰 소리로 울부짖으며 미친 듯이 달려들던 코끼리들이 부처님과 승려들 앞에 이르자 그만 조용해지는 거예요. 코끼리들은 무릎을 꿇고 언제 그랬냐는 듯이 고분고분해졌죠. 부처님은 자비로운 미소를 지으며 그런

코끼리들을 어루만져주었어요. 그러고는 아난과 승려들을 데리고 코끼리 떼를 가로질러 궁궐로 들어갔어요.

그 광경을 본 아세왕은 깜짝 놀랐어요. 아세왕은 비로소 부처님에게 사람은 물론이고 술 취한 코끼리까지 감복시키는 힘과 덕이 있다는 것을 발견한 거예요. 두려운 마음과 함께 존경하는 마음이 더욱 커진 아세왕은 부처님과 승려들에게 극진하게 공양을 올렸어요. 부처님은 그런 아세왕에게 아무런 원망과 노여움도 품지 않은 채 공양이 끝난 뒤 오히려 아세왕을 위해 경건한 마음으로 축복까지 해주었어요.

폭력으로 폭력을 이길 순 없어요. 폭력을 이길 수 있는 건 오직 비폭력뿐이에요. 아힘사, 즉 불살생(不殺生)이 그것이에요. 마하트마 간디가 3세기에 걸친 영국의 식민 지배를 끝내고 인도 독립을 쟁취할 수 있었던 것도 바로 아힘사를 바탕으로 비폭력 불복종 저항운동을 펼쳤기 때문이어요.

인욕(忍辱)은 단순히 참거나 양보하는 게 아니에요. 인욕이야말로 가장 큰 비폭력의 힘이자, 거대한 사랑이고 용기예요. 불교에서 인욕을 기본적인 수행법으로 사용하는 것도 그 때문이죠. 인욕 속에는 욕됨을 용서한다는 뜻도 포함되어 있을 뿐만 아니라 다른 사람의 고통까지도 기꺼이 받아들인다는 뜻을 내포하고 있어요.

신라의 고승 원효(元曉)는 이에 대해 "인욕을 배우는 자는 남으로부터 괴로움을 당하였을 때 마땅히 참고, 마음속에 원수 갚을 마음을 품지 않으며, 자기를 이롭게 하거나 자기를 훼방하거나 칭찬하거나, 또 자기에게 고통을 주거나 안락을 주더라도 모든 일을 참고 용서하여야 한다"고 했죠. 법정 스님도 "용서는 가장 큰 마음의 수행"이며 "상처의 가장 좋은 치료약은 용서"라고 했어요. 김수환 추기경도 "살면서 얼마나 많이 용서했는가에 따라 하느님은 당신을 용서할 것"이라며 인욕과 비폭력의 힘을 강조했어요.

실제로 역사를 보면 인욕과 비폭력의 힘으로 인류를 구원하고 세상을 평화롭게 만든 사람들이 많아요. 중국의 탄압을 피해 인도로 망명, 임시정부를 세운 달라이라마는 중국의 온갖 횡포와 핍박에도 불구하고 "중국 정부는 나의 친구이자 적"이라며 중국과 국제사회를 상대로 비폭력 평화 독립운동을 펼치고 있어요. 흑인인권운동을 벌이다 종신형을 선고받고 27년이나 복역한 넬슨 만델라도 "착한 머리와 착한 가슴은 언제나 붙어 다닌다. 강철 같은 의지와 필요한 기술만 있다면, 세상의 어떤 불행도 자기의 승리로 탈바꿈시킬 수 있다"고 했죠. 그는 감옥에서 자신을 지키는 간수들까지 사랑했어요. 간수들을 사랑으로 대하자 그들도 만델라를 함부로 대할 수 없었어요. 당황한 정부가 계속해서 간수들을 바꿨지만 만델라는 새로 온

간수들도 한결같이 사랑으로 대했어요. 흑인 최초의 남아프리카공화국 대통령으로 취임하던 역사적인 날, 취임식장 맨 앞줄에 앉도록 초대받은 사람이 만델라를 감시했던 간수 중 한 명이었답니다. 훗날 달라이라마와 만델라는 차례로 노벨평화상을 수상했지요.

폭력과 복수는 더 큰 폭력과 복수와 불행을 불러와요. 처참한 살육전이 벌어지고 있는 중동사태만 봐도 알 수 있어요. 진정한 복수는 인욕과 비폭력과 용서와 사랑이에요. 그런 자만이 간디와 달라이라마와 넬슨 만델라처럼 세계인의 정신적 지도자가 될 수 있고, 성인(聖人)이 될 수 있고, 위인이 될 수 있어요.

삶에서 두 번 일어나는 일은 없어요. 어떤 하루도 두 번 되풀이되지 않고요. 삶은 또한 우리가 원하는 대로 흘러가지도 않아요. 오직 받아들이고 용서하고 사랑하는 수밖에 없어요. 그게 가장 큰 복수의 힘이고 진리의 힘이에요. 달라이라마가 '그의 적인' 중국인 친구와 나눈 대화가 학생의 마음을 평화롭게 해줄 거예요.

"나를 고통스럽게 만들고 상처를 준 사람에게 미움이나 나쁜 감정을 키워나간다면, 내 마음의 평화만 깨질 뿐이다. 하지만 그를 용서한다면 내 마음은 평화를 되찾을 것이다. 용서해야만 진정으로 행복해질 수 있다."

학교에서
성추행을 당했어요

학교에서 어떤 애한테 수치심이 생길 정도로 굴욕을
당하고 있어요. 처음에는 저한테 가슴이 크다는 둥,
자기랑 사귀자는 둥, 싫은 소리만 골라서 하더니,
언제부터인가는 싫다는데도 가슴이랑 엉덩이를 함부로
만지는 거예요. 사실 저는 그 애한테 반항할 수가 없어요.
그 애는 우리 반에서 소위 '잘나가는 애'거든요.
다른 애들도 그 애 앞에서는 설설 기고,
늘 비위를 맞추려고 해요.
반에서는 제가 걔를 가로채려고 하는 이상한 여자라고
소문이 난 것 같아요. 어디 하소연할 데도 없고,
중학교 졸업하려면 6개월이나 남았는데
그때까지 참고 기다려야 하는 건가요.
이런 현실이 저한테 너무 가혹한 것 같아요.

사람이 꽃보다 아름다운 이유는
그 안에 온기를 품고 있기 때문이에요.

강물의 온기, 사랑의 온기, 그 어떤 슬픔과 절망에도 굴하지 않는 온기, 바람의 온기, 비의 온기, 노래의 온기, 눈물의 온기……. 이 모든 온기를 품을 수 있는 존재는 이 세상에 사람밖에 없어요. 이 온기만 기억하면 때로는 삶에서 자신이 원하는 걸 얻지 못하는 것이 더 큰 행운일 때도 있다는 것을 알 수 있죠.

미국 미시시피 강 근처에 있는 가난한 흑인 마을에서 한 여자아이가 태어났어요. 아버지가 누구인지도 모르는 사생아로 태어난 여자아이는 여섯 살 때까지 외할머니와 함께 살았어요. 엄마가 겨우 열여덟 살에 불과했을 뿐만 아니라 생계를 해결하기 위해 날마다 파출부 일을 해야 했기 때문이었죠.
여자아이는 세 살 때부터 뛰어난 말재간과 암기력으로 동네 어른들로부터 귀여움을 독차지했어요. 하지만 조숙한 아이들이 그렇듯 혹독한 사춘기를 겪으며 힘든 시간을 보냈죠. 겨우 아홉 살이 되었을 때 사촌오빠와 삼촌에게 성폭행을 당하다가 열네 살 땐 조산아까지 낳았어요.

여자아이는 이발사로 일하고 있는 아버지를 찾아가 도움을 호소했어요. 하지만 아버지는 "임신 같은 걸로 가족에게 치욕을 안기느니 차라리 죽어서 강물에 떠내려가는 게 낫겠다"고 저주를 퍼부으며 딸을 외면했어요. 결국 2주 뒤에 조산아는 죽고 말았어요.

기구한 세월을 견디기 힘들었던 여자아이는 몇 번이나 자살을 시도했고, 현실을 잊으려고 마약과 담배에 빠져들었으며, 폭식을 하면서 엄청나게 살이 쪘어요.

여자아이의 삶에 전환이 일어난 건 고등학교 때였죠. 고등학생 때 한 라디오 프로그램에서 일을 하기 시작했고, 그 덕분에 열아홉 살 때 지역방송의 저녁 뉴스 공동 캐스터가 되었어요. 날카로운 해설과 즉흥적인 감정 전달이 장기였죠. 반응이 좋아지자 어느덧 어른이 된 여자아이는 낮 시간대 토크쇼로 자리를 옮겼어요.

당시 토크쇼 진행자와 인터뷰를 했던 내용은 지금도 사람들에게 회자되고 있어요. 진행자가 "만약 상금 백만 달러를 받는다면 어떻게 할 건가요?"라고 묻자 다른 참가자들은 대부분 저축을 하겠다느니, 집부터 사겠다느니, 부모님에게 차를 사드리겠다느니 하며 상식적인 대답을 했죠. 그런데 그녀만 "마음

껏 쓸 거예요. 저를 위해서 말이죠"라고 대답했어요. 진행자가 "하지만 그다음은요? 돈은 한번 쓰면 벌기가 어렵지 않나요?"라고 되물었어요. 그녀는 "그만큼 벌 자신이 있다"고 대답했어요. 진행자는 속으로 '무슨 헛소리야?'라고 생각했는데 실제로 20년도 안 되어 그녀는 세계적인 갑부가 되었어요.

이 사람이 바로 오프라 윈프리예요. 1983년에 오프라 윈프리는 시카고에서 가장 낮은 시청률을 기록한 30분짜리 아침 토크쇼 에이엠 시카고(AM Chicago) 방송 진행자가 되었어요. 당연히 모두 오래가지 못할 것이라고 예상했지만, 얼마 안 가 같은 시간대 시청률 1위로 올라섰어요. 그리고 1986년에는 프로그램 이름까지 '오프라 윈프리 쇼'로 바뀌었어요. 이 프로그램은 세계적인 반응을 불러일으켰죠. 오프라 윈프리는 이 프로그램으로 에미상을 받았고 스티븐 스필버그가 감독한 영화에 조연으로 출연해서 골든 글로브와 아카데미 여우조연상 후보에도 올랐어요. 또 2004년 유엔이 주는 올해의 지도자상을 수상했고, 2005년 『타임』지가 선정한 '20세기 가장 영향력 있는 인물 100인'에 선정되기도 했죠. 오프라 윈프리는 자신의 성공 비결로 아홉 가지를 꼽았어요.

1. 남의 호감을 얻으려고 애쓰지 마라.

2. 앞으로 나아가기 위해 외적인 것에 의존하지 마라.

3. 일과 삶이 최대한 조화를 이루도록 노력하라.

4. 내 주변에서 험담하는 사람을 멀리하라.

5. 다른 사람들에게 친절하라.

6. 중독된 것을 끊어라.

7. 당신에게 버금가거나 당신보다 나은 사람으로
   당신 주위를 채워라.

8. 돈 때문에 하는 일이 아니라면 돈 생각을 아예 잊어버려라.

9. 당신의 권한을 다른 사람에게 넘겨주지 마라.

'가장 낮은 곳에서 출발했지만 가장 높은 곳까지 오른' 오프라 윈프리는 지금은 전 세계에서 '가장 영향력 있는 여성'이자, 가장 '축복받은 여인'이 되었죠.

맹자(孟子)는 말했어요. "하늘이 장차 그 사람에게 큰 사명을 주려고 할 때에는 반드시 먼저 그의 뜻을 흔들어 고통스럽게 하고, 그 힘줄과 뼈를 굶주리게 해 궁핍하게 만들어 그가 하고자 하는 일을 흔들고 어지럽게 한다. 그것은 타고난 작고 못난 성품을 인내로써 담금질하여 하늘의 사명을 능히 감당할 만하도록 기개와 역량을 키워주기 위함이다."

사람은 누구나 자신의 삶을 변화시킬 힘을 가지고 있어요. 학생도 마찬가지예요. 지금은 힘든 시간이지만 이 고난의 시간을 통해 학생은 더욱 크고 훌륭한 사람으로 성장할 수 있어요.

부처님은 처음에는 여자라는 이유만으로 여성 제자를 받아들이지 않았어요. 지금도 그렇지만 당시 인도 사회는 사성(四姓)계급이 있었고, 여성을 매우 천하게 여겼기 때문이에요. 그런데 부처님이 여성 제자를 받아들이지 않는 모습을 본 아난존자가 "법 앞에 남녀 구별이 없고, 진리 앞에 누구나 평등하다고 하면서, 왜 여인이 출가하는 것은 반대하십니까?"라며 강력히 항의했어요. 부처님은 그의 항의를 받아들여 여성 출가를 허락했죠.

당시 부처님의 우려에도 불구하고, 여성 출가자는 남성 출가자 못지않게 열심히 수행했어요. 그 뒤 수많은 여성 출가자들이 아라한과(모든 번뇌를 끊고 생사를 다시 윤회하지 않는 자리)를 얻었고요. 신분이 낮다는 이유만으로, 혹은 여자라는 이유만으로, 자기 앞에 주어진 어려움을 포기해서는 안 되는 예라고도 볼 수 있죠.

과거에 머물러서는, 그리고 그 과거가 지금 나를 지배하게 해선 성장할 수 없어요. 슬픔과 절망이 나를 지배하게 해서도 안 돼요. 나에게는 나만의 장점이 있으니까.

학생에게 필요한 건 지금 현재의 고난을 뛰어넘을 용기와 힘이에요.

학생은 이미 그 힘과 용기를 가지고 있어요. 쓸데없는 두려움과 근심 걱정이 자신을 뒤흔들게 놓아두지 않으면 돼요. 진리는 살아 있으니까요.

'결단 노트'를 쓰면 도움이 될 거예요. 예를 들어 내 안에서 원하지 않는 일이면 '노우'라고 쓰고, 내 안에서 기뻐하는 일이면 '예스'라고 쓰는 거예요. 그리고 온 세상이 좋은 일이라고 등을 떠밀어도 결단 노트에 노우라고 쓴 일은 하지 말고, 온 세상이 나를 비난할지라도 결단 노트에 예스라고 쓴 일은 기쁜 마음으로 하는 거예요. 내가 싫은데도 내 가슴과 엉덩이를 만지는 것은 '노우', 나에게 싫은 소리 하는 것도 '노우', 비위 맞추려고 설설 기는 것도 '노우'라고 쓴 뒤, 그 애한테 다음부터 그렇게 못하게 하고 나도 하지 않는 거예요.

사람들은 누구나 자기만의 장점을 갖고 있어요. 학생도 마음만 먹으면 얼마든지 자기 장점을 표출할 수 있어요. 그 애한테 꿀릴 필요 전혀 없어요. 어리석은 슬픔으로 자신을 낭비하지 말고, 용기를 갖고 자신만의 축제의 장을 찾아 나서세요. 오히려 그 애가 언젠가는 학생 앞에서 설설 기며 비위를 맞추려고 할지 몰라요. 오프라 윈프리는 미국에만 있는 게 아니에요. 우리나라에도 있어요. 학생이 그 첫 번째 주인공이 될지도 몰라요.

2장 그래도, 있는 그대로의 모습을 사랑하라고요?

자꾸 화가 나서
견딜 수 없어요

화날 때가 많아요. 중학교에 들어오면서 더 심해진 것 같아요.
저도 모르게 욱할 때가 많거든요.
너무 많아서 이유는 댈 수도 없고요.
그냥 학교에서 친구들과 이야기할 때도 화가 나고,
부모님이나 선생님 말씀이 듣기 거슬릴 때도 화가 나요.
문제는 화가 나면 감정 조절이 잘 안 된다는 거예요.
인상 쓰는 것은 기본이고, 어떤 때는 손에 잡히는 대로
물건을 마구 집어 던지기도 해요.
의자를 집어 던지기도 하고,
휴대전화를 교실 바닥에 던져 박살낸 적도 있어요.
제가 그러면 교실 분위기가 싸늘해지는데
그래도 화가 안 풀리더라고요. 사춘기라서 그런 걸까요?
스님, 화가 날 땐 어떻게 해야 할까요?

화의 씨앗은
내 안에 들어 있다는 사실을 잊지 마세요.

학생의 고민을 들으니까 어쩐지 젊은 날의 제 초상화를 보고 있는 것 같네요. 제가 꼭 그랬어요. 다혈질인 데다 성질이 급해 조금만 눈에 거슬리거나 마음에 안 들면 벌컥 화를 내곤 했어요. 그 때문에 직장생활을 할 때 불이익도 많이 당했죠. 상사에게 대들다 찍히기도 하고, 동료들과 마찰을 빚어서 사무실 분위기를 싸늘하게 만든 적도 많았어요. 그런데 나중에 그 과보가 고스란히 저에게 돌아오더라고요. 동료들보다 승진도 한참 늦게 하고, 친한 동료들도 어느새 멀리 떨어져 있었거든요. 툭하면 화내는 사람을 누가 좋아하겠어요.

화는 모든 관계를 파괴하고 우리를 주위 사람들과 갈라놓죠. 오랫동안 사이좋게 지내던 친구와 단 한 번의 실수로 화를 낸 뒤 심한 상처를 입고 헤어지는 경우가 얼마나 많은가요. 그래서 '외톨이가 되길 원한다면 자주 화를 내라'는 말도 있어요.

사실 화에는 묘한 쾌감이 있어요. 인간의 뇌는 쾌감을 쉽게 잊지 못해요. 구조 자체가 그렇게 돼 있어요. 그 때문에 화가 위험한 줄 알면서도 다시 화를 내게 돼요.

『화(anger)』란 책으로 유명한 틱낫한 스님은 화를 '날감자 같은 것'이라고 했어요. 날감자는 날것 그대로 먹을 수 없어요. 날감자를 먹기 위해선 냄비에 넣고 삶아 익기를 기다려야 하죠. 화도 마찬가지예요. 화가 난다고 당장 화내지 말고 일단 한숨을 고른 뒤, 왜 화가 나는지, 무엇 때문에 내가 지금 화가 나려고 하는지, 냄비 안의 날감자처럼 내 마음을 먼저 돌아다보세요. 화는 실제로 나를 잡아먹는 독이에요.

어떤 남자가 늘 남을 미워하며 시름에 잠겨 있었어요. 어느 날, 한 친구가 찾아왔어요.

"자네는 도대체 무슨 일이 있기에 항상 그렇게 시름에 잠겨 있나?"

사내가 말했어요. "내가 미워하는 놈이 있는데, 어떻게 하면 그놈을 못살게 할 수 있을까 고민하고 있다네. 그놈이 다른 사람들 앞에서 나를 헐뜯고 다니거든."

"흐음."

"그런데 그놈이 천하장사라서 내 힘으론 도저히 굴복시킬 수 없다네. 그래서 이렇게 시름에 잠겨 있다네."

친구가 대답했어요.

"내가 방법 하나를 알려줌세. 주문을 외우면 그를 못살게 할 수 있지. 그런데 단점이 하나 있어. 만약 주문으로 그 사람을 잘못되게 하지 못하면 오히려 자네가 다친다네."

친구의 말을 들은 사내는 무척 기뻐했어요.

"걱정 말게. 비록 내가 못되는 한이 있더라도 그놈을 반드시 잘못되게 하고 말겠네. 어서 주문을 알려주게."

친구는 사내에게 주문을 알려주었어요. 그러나 사내는 주문으로 상대방을 해치려다가 도리어 자신이 더 큰 해를 당하고 말았답니다.

자신의 가장 큰 적은 내부에 있어요. 화가 그놈이죠. 그래서 부처님 께서 말씀하셨죠. "전쟁터에서 수천 명의 적을 물리치는 사람보다 자기를 이기는 사람이 진정한 승자"라고요.

우리의 가장 큰 적은 끊임없이 내부에서 불타오르는 화와 욕심과 어리석음이랍니다. 이를 사람을 해치는 세 가지 독이라고 해서 삼독 (三毒)이라고 부르죠.

화나는 일은 크게 세 가지로 구분할 수 있어요. 첫째, 대부분의 화는 내 기대가 무너지는 데서 촉발돼요. 뭔가를 갖고 싶거나 하고 싶은 데 내 마음대로 가질 수 없고 내가 원하는 대로 안 되니까 화가 나는 거예요. 모든 인간이 가지고 있는 화의 공통적인 속성이에요. 사람들이 화를 내는 가장 큰 이유이기도 하고요.

두 번째는 내가 나를 사랑하지 않기 때문이에요. 내가 나를 사랑하지 않으니까 괜히 남들도 미워져서 벌컥벌컥 화를 내는 거예요. 자존감이 없을 때 더욱 그래요. 자존감이 없거나 낮으니까 매사에 열등감을 느끼고, 열등감을 감추기 위해 누가 눈에 조금만 거슬리는 행동을 하거나 말만 해도 벌컥 화를 내는 거예요.

세 번째 이유는 우울증이에요. 화를 잘 내는 청소년을 보면 우울증에 걸려 있는 경우가 아주 많아요. 사춘기인 데다 갑작스럽게 바뀐 학교 환경과 부쩍 늘어난 공부 분량에 대한 스트레스로 쉽게 우울증을 겪는 거죠. 특별히 화낼 이유도 없고 그럴 상황이 아닌데도 툭하면 화가 날 경우엔 혹시 내가 우울증을 앓고 있는 건 아닌지 체크해 보아야 돼요. 그럴 경우 간단한 심리 상담과 약물 치료만으로도 화내는 버릇을 쉽게 고칠 수 있으니까요.

대부분의 사람들은 첫 번째 이유와 두 번째 이유로 화를 자주 내요. 그럴 땐 부단한 노력으로 화내는 습관의 고리를 끊는 수밖에 없어요. 저도 한 세월 그 고리를 끊기 위해 노력해왔고, 지금도 노력하고 있어요. 화의 뿌리는 그만큼 깊어요.

화내는 습관을 끊는 첫 번째 열쇠는 '화났을 때 상대방을 탓하지 않는' 거예요. 사람들은 누구나 무의식 속에 화의 씨앗을 가지고 있어요. 그런데 화가 치미는 순간 대부분 그 원인을 상대방에게 돌려요.

그러다 보니 무의식에 잠재해 있던 화의 씨앗이 불기둥이 되어 치솟아 오르는 거죠.

모든 화의 씨앗이 내 안에 있다는 사실을 자각하는 것만으로도 습관적인 화의 연결 고리는 대부분 끊어져요. 화에 대한 통찰과 자각이 생기면, 오히려 남을 사랑하고 용서하는 긍정에너지로 전환할 수도 있어요. 자기 자신이 화로부터 해방되는 것은 물론, 겸손하고 자애로운 인품을 가진 사람으로 변할 수 있는 원동력이 되는 거죠.

스마트폰 중독이나 인터넷게임 중독처럼, 화도 중독성이 강한 습관적 에너지라는 인식을 갖는 게 중요해요. 한번 화내는 버릇이 들면 좀처럼 그 중독에서 벗어날 수가 없어요. 모든 인간은 생존을 위한 자기방어적 공격성을 본능적으로 갖고 있어요. 화도 그러한 공격성을 표출하는 것이지요.

화를 통찰하고 자각할 수만 있으면 습관적인 화의 에너지를 끊는 것은 어렵지 않아요. 특히 불교에는 그런 도구와 장치가 많이 준비되어 있어요. 저도 그런 것들을 이용해 어려서부터 길든 화내는 버릇은 물론, 기질까지도 상당 부분 바꿀 수 있었어요.

제가 시험해본 결과, 가장 손쉽고도 즉각적인 효과를 얻을 수 있는 건 '의식적으로 호흡하기'예요. 화가 나려고 할 때, 혹은 화를 내고 싶을 때 즉각적으로 반응하지 말고 마음속으로 열까지 숫자를 세며 숨을 크게 들이마시고 내쉬는 거예요. 그렇게 하나, 둘, 셋 하고 열까지 세며 큰 숨을 들이마시고 내쉬다 보면 대부분의 화는 자연스럽게 가라앉아요.

숫자를 헤아리며 숨을 쉬라는 것은 그만큼 '의식적으로' 숨을 쉬라는 뜻이에요. 그래야 화에 집중되어 있던 나의 에너지와 생각이 자연스럽게 숨 쉬는 행동으로 전환되면서 화가 정화되거든요.

배로 숨 쉬는 복식호흡도 화를 가라앉히는 데 좋아요. 화는 마치 한순간에 쏟아지는 거친 폭풍우와 같아요. 거친 폭풍우 속에 그대로 서 있으면 매우 위험해요. 그럴 땐 잠시 피해야 돼요. 남의 집 처마 밑이 되었든 우리 집 안방이 되었든 우선은 피하고 보는 게 상책이에요. 복식호흡은 그럴 때 유용해요. 배꼽 밑에 의식과 정신을 집중한 채 앞서 말한 대로 '의식적으로' 숨을 쉬는 거예요. 이때 반드시 명심할 점이 있어요. 숨을 쉬는 동안에는 오직 배가 올라갔다가 내려가는 데만 의식을 집중해야 한다는 거죠.

또 하나 권하고 싶은 방법은 화가 나려고 하는 순간 복도나 운동장에 나가 의식적으로 걸어보는 것이에요. 여기서도 중요한 건 '의식적으로'라는 말이에요. 한 발 한 발 옮기는 것에 의식을 집중하며 걸어보세요. 어느새 화가 사라지는 것은 물론, 마음마저 산뜻하고 평화로워져요.

화에 대한 자기최면요법도 화의 사슬을 끊어내는 데 효과적이에요. 마음속 화를 무조건 억압하려고 하지 말고 자비와 사랑의 마음을 이용해 스스로 사라지게 하는 거예요. 예를 들어 "내 화야, 나는 너를 무조건 사랑해. 네가 무슨 짓을 하든 나는 너를 내 안으로 받아들일 수 있어. 설혹 네가 나를 파괴하고 파멸에 이르게 할지라도 나는 너를 사랑해. 밖에서 울지 말고 내 안으로 들어와" 하고 화나는 마음을 내 안에서 평화롭게 안아주는 거예요. 그 사랑과 자비의 힘은 엄청나게 커요. 악마처럼 타오르는 불길을 삽시간에 꺼버리는 소방 호스 물줄기 같죠. 마음의 불길이 가라앉으면 그때 또 부드럽게 자신의 마음을 껴안고 속삭여주면 더 좋아요. "내 화야, 내 말을 잘 들어주어서 고마워. 힘들면 언제든지 또 내 안으로 들어와서 잠자" 하고.

'우리의 마음은 밭이에요. 틱낫한 스님의 말처럼 그 안에는 기쁨과 사랑, 즐거움, 희망 같은 긍정의 씨앗도 뿌려져 있지만, 미움과 절망, 좌절, 시기, 두려움 같은 부정의 씨앗도 뿌려져 있어요. 화도 우리의 마음 밭에 뿌려져 있는 부정의 씨앗이에요. 그래서 조건이 맞으면 언제든지 밖으로 싹트고 나올 수밖에 없어요.

화를 자주 내는 사람에겐 그만큼 화의 씨가 더 많이 뿌려져 있어요. 그만큼 그의 마음에 고통과 상처가 많다는 뜻이기도 하고요. 하지만 상처를 치유하는 힘은 외부에서 오는 것이 아니라 내부에서 와요. 내 안의 상처는 내가 치유할 수밖에 없어요. 그게 자기 사랑이고 자기 연민이에요. 자신 안에 들어 있는 상처와 고통을 자비롭게 바라보며 사랑하고 용서하고 이해하며 끌어안아주는 거예요. 그러다 보면 마음속 고통과 상처는 언젠가는 창조적 에너지가 되어 나를 거인으로 성장시킬 거예요.

사실 화와 나는 남이 아니에요. 화와 나는 한 몸이에요. 내가 화를 내지 않으면 화는 존재하지 않으니까요. 화를 내는 사람도 나고 화를 만드는 사람도 나잖아요. 겉으로 보면 선생님과 친구들이 나를 화나게 하는 것 같죠. 물론 선생님과 친구들이 화나는 조건을 만들어주었을지는 몰라도 내 안에 화를 자라게 하고 만들어낸 사람은 결국 나예요. 화가 바로 나 자신이고, 내 일부인 이유에요. 그러므로 화를 낸다는 것은 결국 내가 나 자신과 싸운다는 얘기예요. 우리가 화와 맞서서 싸우면 안 되는 이유이기도 해요.

화났을 때 무엇보다 나 자신과 대화를 나누는 것이 중요한 것도 그 때문이죠. 심리치료에서는 이것을 '화와 접촉하기'라고 해요. 화난 내 안의 나와 내가 대화를 나눔으로써 이해하는 마음으로 서로를 감싸주고 다독여주며 화난 내 마음을 내가 안아주는 거예요. 그것이 바로 자각이죠. 화난 내 마음을 내가 알아줌으로써 내 화의 실체를 인정하고 끌어안아주는 거예요. 그러다 보면 어느새 화는 어린아이처럼 우리 품 안에서 잠들어요.

나를 사랑하지 못하면 남을 사랑할 수 없어요. 그러나 화를 다스리지 못하면 나도 사랑할 수 없고 남도 사랑할 수 없어요.

화와 나는 한 몸이기도 하지만 사실 나는 화의 어머니이기도 해요. 내 마음 밭에 화의 씨를 뿌리고 가꾸는 사람 역시 나이기 때문이에요. 날마다 사랑과 애정의 물을 주면 화의 씨는 사랑과 애정의 꽃으로 피어나고, 분노와 고통의 물을 주면 분노와 고통의 꽃으로 피어나요. 진흙이 없으면 연꽃은 꽃필 수 없어요. 고난과 고통의 진흙이 없으면 화의 연꽃도 피어나지 못해요. 그게 깨달음이에요. 아무리 좋아도 본인이 스스로 노력하지 않으면 깨달음은 얻을 수 없어요. 스님들이 부지런히 수행하는 것도 그 때문이에요. 부지런히 수행 정진해 화 대신 자비의 연꽃을 피워내기 위해서죠.

학생의 경우 사춘기니까 먼저 스트레스로 인한 우울증 때문에 그러는 것은 아닌지 전문가와 상담부터 해보세요. 그런 뒤에 제가 말한 방법 가운데 자신에게 가장 잘 맞는 것 하나를 골라 오늘부터 꼭 실천해보세요. 화내는 습관에서 벗어나 한 송이 아름다운 연꽃으로 피어날 거예요.

자기를 이기는 것이 가장 현명하니 사람 가운데 영웅이라 한다. _「법구경」

왜
공부를 해야 하나요?

이번에 중학교에 진학했어요. 그런데 공부하기가 너무 싫어요.
공부할 양이 부쩍 늘어나서 더 하기 싫어졌어요.
도대체 왜 공부를 해야 하는지 모르겠어요.
수학 문제, 영어 문제 하나 더 맞힌다고 뭐가 달라지는 걸까요?
어른들, 아니 부모님만 봐도 공부와는 담을 쌓고 지내잖아요.
근데 왜 우리들만 공부해야 하는 거예요?
왜 답답한 교실에 갇혀 수학공식이나 암기하고 있어야
하는 거예요? 이게 제 인생에 무슨 도움이 되는 거예요?
그냥 좋은 대학 가고 좋은 데 취직해서 돈 많이 벌려고
교과서 외우고, 참고서 보고, 학원 가고 그래야 하는 건가요?
그런 인생은 너무 재미없을 것 같아요.

**이 세상엔
눈에는 잘 보이지 않는 무늬가 가득 들어 있어요.**

삶은 하나의 무늬예요. 수많은 색깔과 선과 점이 모여 무늬를 이루고, 그 무늬가 모여 지구라는 수채화를 만들고 우주라는 유화도 만들죠. 공부란 우리 삶의 무늬를 만들기 위해 꼭 필요한 색깔이자 선이자 점이에요. 공부라는 색깔과 선과 점이 없다면 우리 삶의 무늬는 정말 볼품없을 거예요. 아니 아예 삶의 무늬를 그려낼 수도 없을 거예요.

저도 중·고등학교 시절에 참말로 공부하기가 싫었어요. 정말 재미가 없었거든요. 빨리 어른이 되어서 어른들처럼 내가 하고 싶은 대로, 내 맘대로 하고 살았으면 했어요. 그런데 대학교를 졸업하고 직장생활을 하고 사회생활을 하다 보니까 중·고등학생 때 공부하지 않은 것이 몹시 후회되더라고요.

대학교를 졸업하고 제가 들어간 첫 직장은 신문사였어요. 13년 동안 기자 생활을 했는데, 기자 생활을 하면서도 항상 마음속에 걸린 것이, 중·고등학생 때 열심히 공부하지 않은 데 대한 아쉬움이었어요. 사건 사고를 접하고, 사람들을 만나고, 기사를 쓸 때 가장 많이 쓰는 낱말이나 용어, 상식이 대부분 그때 배웠던 거였거든요.

일상생활에서도 마찬가지였어요. 대학교 때 배웠던 전문적인 이론이나 지식은 전문적인 일을 처리할 때나 활용할 수 있을 뿐, 대부분은 중·고등학교 때 배웠던 내용을 써먹었죠. 사람들과 대화를 나눌 때도 그랬어요. 초등학교 때 배운 것만 가지고 사회생활을 하기에는 많이 부족하고, 대학교 때 배운 것으로 소통하고 살기에는 서로 공부한 분야가 다르고 수준과 내용도 달라 말이 잘 안 통할 때가 많았어요. 물론 스님이 되어서도 마찬가지였고요. 이것만으로도 우리가 중·고등학교 때 공부를 열심히 해야 하는 이유는 충분해요.

물론 더 본질적인 이유도 있죠. 혹시 변비에 걸린 어리석은 사람 이야기를 들어본 적이 있나요?

어떤 사람이 변비에 걸렸어요. 증상이 너무 심해 한 번 변소에 가면 한두 시간 보내는 게 기본이었어요. 그때마다 심한 고통에 시달렸고요. 참다못한 그는 의사를 찾아갔어요.

"제가 심한 변비에 걸렸는데, 어떻게든 고쳐주십시오."

진찰을 마친 의사가 말했어요.

"정말 심한 변비에 걸렸네요. 하지만 너무 걱정하지 마세요. 장을 깨끗이 씻어내면 금방 나을 겁니다."

말을 마친 의사는 관장을 하기 위해 준비를 했어요. 그때 마침

전화가 와서 의사가 잠깐 자리를 비운 사이였어요. 의사로부터 '장을 씻어내야 한다'는 말을 들은 사내는 관장약을 들이켰어요. 이내 배가 차오르면서 사내는 숨이 꽉 차 죽을 것만 같았죠. 이마에선 식은땀이 줄줄 흐르고요. 때마침 통화를 마친 의사가 다시 돌아왔어요. 의사를 본 사내가 외쳤어요.

"아이고, 나 죽네. 선생님, 저 좀 살려주세요."

"아니, 왜 그러시오?"

"아이고, 선생님. 장을 씻어내려고 아까 선생님이 준비한 관장약을 미리 다 마셨습니다. 그랬더니 배가 아파 견딜 수가 없습니다."

그 말을 들은 의사가 혀를 끌끌 찼어요. "관장하는 데 쓰는 약을 마시면 어쩝니까? 죽고 싶어 환장했소? 약마다 쓰는 데가 다른 법인데, 어디 사용하는 약인지도 모른 채 먹으면 죽을 수도 있어요."

어때요? 참 어리석은 사내죠. 이게 바로 우리가 공부하고 살아야 하는 이유예요. 세상엔 관장약을 입으로 먹는 약인 줄 알고 들이켰다가 심한 복통을 겪는 사람들이 참 많답니다. 설마 그런 사람이 되고 싶진 않겠죠.

아마도 '늑대가 키운 아이' 이야기를 들어보았을 거예요. 1920년 인도 정글에서 늑대가 키운 소녀 두 명이 발견됐어요. 교육자들과 목사 부부가 두 소녀를 사람답게 만들려고 애를 썼어요. 하지만 두 소녀 중 한 명은 1년 만에 죽고 다른 한 명은 9년밖에 더 살지 못했어요. 나중에 죽은 소녀가 9년 동안 배운 것도 고작 단어 마흔다섯 개와 포크를 사용해 음식을 먹는 정도였어요.

그러니까 공부란 인간이 인간답게 살아가기 위해 반드시 필요한 '생존 도구'를 습득하는 일이라고 할 수 있어요. 나라에서 초등학교와 중학교 과정을 의무교육으로 정해놓은 것도 그 때문이죠. 그 가운데 중학교 시절은 긴 인생을 준비하는 관문 중에서도 가장 중요한 관문이에요. 중학교 때의 배움은 정말 중요해요. 시행착오를 통해 많은 것을 배우고 익히며 어른으로서의 삶을 준비하는 단계이자, 어른이 되면 무엇을 하고 살 것인지를 구체적으로 생각해보는 시기이기 때문이에요.

공부의 개념은 퍽 간단해요. 모르는 것을 알아가는 것이 공부예요. 세상에 배우지 않으면 알 수 없는 무늬가 얼마나 많은가요. 더욱이 만 원을 주고 천 원짜리 물건을 샀는데 얼마를 거슬러 받아야 할지 모른다고 상상해보세요. 정말 답답하겠죠? 그걸 알아가는 게 공부예요. 내가 모르는 무늬를 새롭게 알아가고, 내가 살아가는 데 필요한 선과 점과 색깔을 습득하고 사고하는 법을 알아가는 거예요.

그런 마음으로 공부한다면 공부가 절대로 재미없을 리 없을 거예요. 또래 친구들과 어울려 새로운 것을 배우고 익힌다는 생각으로 공부하면, 공부가 힘들기는커녕 오히려 즐겁기까지 할 거예요.

공부가 싫고 힘든 것은 공부를 목적으로 생각하기 때문이에요. 좋은 대학에 가기 위한 목적, 좋은 직장에 취직하기 위한 목적을 가지고 공부하기 때문에 힘들어지는 거예요. 그러나 우리가 인간답게 살아가기 위한 생존 수단과 내 삶의 무늬를 아름답게 만들기 위한 점과 선과 색깔을 찾는다는 생각을 하면 공부가 그리 힘들게 느껴지지 않을 거예요.

관장약을 입으로 들이키는 사내가 되지 않으려면 자기 능력이 닿는 데까지 최선을 다해 공부해야 해요. 그러려면 먼저 학생의 마음부터 긍정적으로 바꾸는 것이 필요해요. 방금 이야기했던 것처럼 지금까지 내가 몰랐던 점과 선과 색깔을, 혹은 몰랐던 무늬를 새롭게 알아간다는 긍정적인 마음으로 임하면 공부가 즐거워질 거예요.

학생에게 더욱 시급한 건 꿈의 무늬를 찾는 거예요. 공부 문제로 지금 방황하고 있는 것은 인생의 목적, 즉 꿈의 무늬가 선명하지 않기 때문일 수 있어요. 꿈의 무늬를 찾는 비결을 하나 알려줄게요.

새 연습장이나 노트를 한 권 준비하세요. 거기에 자신이 가장 좋아하는 것, 가장 흥미를 느끼는 것, 생각만 해도 가슴이 벅차고 감격스러운 것, 자신이 가장 자신 있게 할 수 있는 것, 가장 감동적으로 할 수 있는 선과 점과 색깔을 생각나는 대로 쭉 적어보세요.

이제 지금 당장 하지 않으면 안 될 선과 점과 색깔과 나중에 해도 될 선과 점과 색깔을 순서대로 하나씩 지워보세요. 그러다 보면 막연했던 꿈의 무늬가 구체적으로 그려지기 시작할 거예요. 거기에 자신이 가진 재능이나 장점, 강점을 조합하기만 하면 아주 멋진 꿈의 무늬를 설계할 수 있어요.

꿈의 무늬만 구체화되면 공부를 꼭 교실 안에서만 할 필요도 없어요. 구체적인 꿈의 무늬만 있다면 교실 밖에서도 얼마든지 공부할 수 있죠. 공부를 꼭 교실에서만 해야 하는 것으로 생각하기 때문에 교실이 답답하게 느껴지고, 그러다 보니 공부하기가 더욱 싫어지는 거예요. 피겨 여왕 김연아 선수나 체조 요정 손연재 선수, 바둑 천재 이세돌 선수, 인기 아이돌그룹 엑소(EXO) 등이 모두 자신들의 꿈의 무늬를 찾아 어렸을 때부터 교실 밖에서 열심히 공부한 사람들이에요.

하지만 중요한 것이 한 가지 있어요. 교실 밖의 공부가 교실 안의 공부보다 몇백 배 더 힘들다는 사실이에요. 교실 안에서보다 훨씬 더 많은 피와 땀을 흘려야 교실 밖의 공부로 꿈의 무늬를 완성할 수 있다는 거예요. 김연아 선수가 피겨 여왕이 될 수 있었던 건 초등학교 때부터 만 번도 더 넘게 얼음판 위에서 넘어졌기 때문이에요. 그만한 각오가 없다면 아무리 꿈의 무늬가 구체화되었다고 해도 무작정 교실 밖으로 뛰쳐나가서는 안 돼요. 그런 꿈의 무늬는 그려서도 안 되고요.

교실 밖으로 뛰쳐나가기 전에 반드시 해야 할 일이 또 하나 있어요. 아무리 구체적인 꿈의 무늬를 그렸더라도 교실 밖으로 뛰쳐나가기 전에 부모님은 물론, 전문가나 선생님들께 자신의 재능과 강점을 점검받은 뒤 행동하라는 거예요. 재능과 강점도 없는데 구체적인 꿈의 무늬가 생겼다고 무작정 교실 밖으로 뛰쳐나가는 건 하루살이가 불길 속으로 날아드는 것과 같아요.

인생은 참으로 길어요. 개구리가 멀리 뛰기 위해 몸을 깊숙이 움츠리듯, 중·고등학교 시절은 공부라는 수단을 통해 힘을 비축하고 축적하는 기간이에요. 아무런 준비도 없이, 아무런 일도 하지 않으며 긴긴 인생을 살기에는 너무 무료하지 않겠어요? 관장약을 들이킨 사내처럼, 늑대가 키운 소녀들처럼 어리석고 비참한 삶을 살지 않으려면 현대사회에 필요한 것을 반드시 배우고 익혀야 해요. 그것이 공부의 본질이에요. 중간고사와 기말고사에서 50점 더 맞고 10점 덜 맞는 건 공부의 본질이 아니에요.

공부의 본질은 생존이고, 생존에 필요한 도구를 배우는 거예요. 그렇게 마음가짐을 바꾸면 정말 공부가 하고 싶어질 거예요. 시험공부를 좀 소홀히 해서 이번 시험에 60점밖에 못 맞았으면 어때요? 그래도 오늘 나는 60점 맞은 만큼이나 생존하는 법을 터득했잖아요? 그러다 보면 틀림없이 꿈의 문이 열릴 거예요. 벽이 문이 될 거예요. 그리고 문 안으로 즐겁게 걸어 들어가는 자신의 모습을 볼 수 있을 거예요. 자기 자신에게 스스로를 온전히 맡기고 앞으로 걸어 가세요.

마음은 모든 일의 근본이 되어 주인으로 모든 일을 시키나니, 마음속에 착한 일을 생각하면 말과 행동 또한 그러하다. 그 덕분에 행복은 그를 따른다. 형체를 따르는 그림자처럼. _「법구경」

그래도, 있는 그대로의 모습을 사랑하라고요?

자꾸
거짓말을 하게 돼요

———

저는 거짓말을 잘해요. 제가 거짓말을 하면 십중팔구 다 속아
넘어갑니다. 일단 무슨 말을 하든 조금 과장하는 버릇이 있는데,
그게 거짓말로 연결되곤 해요. 지금까지는 그게 특별히 나쁘다고
생각하지 않았어요. 남한테 큰 피해를 주는 것 같지도 않았고요.
좀 잘나 보이고 싶은 마음 때문에 거짓말을 할 때도 있어요.
사실은 며칠 밤을 새워가며 공부해서 성적이 올랐는데도
친구들한테는 아무것도 안 했는데 점수가 잘나왔다고
말하는 거죠. 또 부모님한테는 공부하러 간다고 하고
놀러 갈 때도 있고, 방에서 공부한다고 하고 몰래 게임도 하고
만화책을 읽곤 합니다. 좀 난처한 순간에도 거짓말을 해서
쉽게 빠져나가곤 해요. 제가 생각해도 배우를 해도 될 만큼
거짓말을 잘하는 것 같아요. 게다가 얼굴도 순진하게 생긴 편이라
거짓말이 더 잘 먹히는 것 같아요. 그런데 사실 저는 거짓말하기가
너무 싫거든요. 오늘은 정말 거짓말하지 말아야지 하고
결심하지만, 어느 순간엔가 또 그럴싸하게 거짓말하고 있는
제 자신이 너무 싫어요.

종이 종소리를 더 멀리 보내기 위해선
더 많이 아파야 한답니다.

자신의 약점을 남 앞에 솔직히 드러낸다는 게 쉽지 않은데, 이렇게 서슴없이 고백할 수 있다는 건 학생의 마음이 그만큼 순수하다는 사실을 증명하죠. 세상에는 그렇게 행동할 수 없는 사람이 더욱 많거든요.

어리석고 겁 많은 무사가 있었어요. 전쟁터에 갈 때마다 그는 항상 검은말을 타고 나갔어요. 어느 해, 또 전쟁이 일어났어요. 이번에도 무사는 검은말을 타고 전쟁터로 갔어요. 하지만 적이 무서워 앞장서 싸우지 못했어요. 그때마다 무사는 생각했어요. '내가 여기서 죽는다면 사랑하는 아내와 귀여운 자식들이 어떻게 되겠는가? 아버지 어머니와도 영영 이별이겠지.'
그는 또 생각했어요. '그래도 명색이 무사인데, 적과 한 번도 싸워보지 않고 물러날 수는 없지 않겠는가.'
그러나 무사는 점점 더 겁이 났어요. 그는 다시 생각했어요. '모르겠다. 그래도 죽는 것보다는 사는 것이 더 낫겠지.'
그는 죽은 사람들의 피를 자신의 얼굴에 칠했어요. 그런 뒤 죽은 척하고 시체들 사이에 누웠어요. 그 사이 그가 타던 검은말은 누군가가 빼앗아 타고 가버렸고요.

마침내 전쟁이 끝나자 무사는 집으로 돌아가려고 했어요. 그런데 집에 돌아가면 전쟁터에서 용감히 싸웠다는 것을 증명할 길이 없었어요. 마침 시체 더미 옆에 흰말 한 마리가 죽어 있었어요. 무사는 쾌재를 불렀어요. '옳지. 이 말꼬리를 베어 들고 가면 되겠구나.'

고향 사람들이 그를 보고 물었어요. "자네가 탔던 말은 어쩌고 빈 몸으로 돌아왔는가?"

무사는 천연덕스럽게 대꾸했어요. "가엾게도 전쟁터에서 죽었다네. 마음이 아팠지만 어쩔 수가 없었네. 그래서 꼬리라도 잘라 왔다네." 그러면서 흰말 꼬리를 내밀었어요.

그러자 사람들이 말했어요. "아니, 그건 흰말 꼬리 아닌가? 자네가 타고 간 말은 검은말이었는데 이게 어찌 된 일인가?"

그의 비겁한 행동은 결국 탄로 나고 말았어요. 그리고 많은 사람들로부터 오래도록 비웃음을 샀어요.

어떤가요? 무사의 행동을 보고 무엇이 느껴지나요? 비겁함과 거짓은 아무리 감추려 해도 언젠가는 드러나게 마련이에요. 비겁함과 거

짓에는 가시가 숨어 있으니까요. 그래서 아무리 숨겨도 언젠가는 옷 밖으로 삐져나와 나를 찌르고 만답니다. 그렇다고 거짓말이 모두 나쁜 건 아니에요. 참말이 되었든 거짓말이 되었든 모든 말은 일단 우리를 우리와 함께 사는 인간 집단, 즉 공동체와 연결해주기 때문이에요. 거짓말 속에도 인간이 생각하는 가치관과 목적이 투영되어 있거든요. 거짓말 속에도 인간의 생존 본능이 숨어 있다는 뜻이에요.

〈거짓말의 발명〉이라는 영화를 보면 그 같은 사실이 생생하게 그려져 있어요. 영화 속 주인공 마크 벨리슨은 '인류가 거짓말하는 법을 터득하지 않는 사회'에 사는 시나리오 작가로 나와요. 그런데 벨리슨은 자신이 거짓말 없이 쓴 시나리오가 재미없다는 이유로 회사에서 해고를 당하고, 급기야는 사랑하는 애인으로부터 이별 통지까지 받아요.

벨리슨은 전 재산이 3백 달러밖에 남지 않아 집세도 못 내서 쫓겨날 참이었어요. 그는 이사 갈 돈을 찾기 위해 은행에 가요. 그런데 마침 은행 시스템이 다운돼 은행 직원이 벨리슨의 잔고를 파악할 수 없었어요. 그 사실을 안 벨리슨은 자신도 모르게 잔고가 8백 달러 있었다고 거짓말을 해요. 곧 은행 시스템이 복구되었고, 은행 직원은 벨리슨의 계좌에 잔고가 3백 달러밖에 없다는 것을 알았지만, 기계가 실수한 것이라 생각하고 8백 달러를 다 내줘요. 벨리슨이 처음으로 거짓말하는 능력을 얻는 순간이에요.

이때부터 영화는 점점 흥미진진해져요. 그때까지만 해도 거짓말을 모르고 살던 사람들은 벨리슨의 거짓말이 모두 사실이라고 믿게 되고, 자신의 거짓말 능력을 자각한 벨리슨은 카지노에 가서 거짓말을 해 돈을 벌고, 사실이 아닌 이야기를 사실인 것처럼 시나리오로 써서 시나리오 작가로도 대성공을 거둬요. 또한 자살을 시도하는 이웃에게 거짓말로 희망을 불어넣어 살게 하는 등 다른 사람들의 인생까지 변화시켜요. 그리고 그렇게 획득한 부와 명예로, 떠나간 애인을 다시 만나는 데까지 성공하죠.

벨리슨은 또 임종을 앞두고 두려움에 떠는 어머니에게 죽음 뒤의 세계는 영원한 '무'의 세계가 아니라고 말해요. 사랑하는 이들이 기다리고 있고, 고통도 없으며, 다만 사랑과 영원한 행복만 있는 세계라고 거짓말을 한 것이죠. 어머니는 편안한 마음으로 죽음을 맞이할 수 있었어요. 이를 바탕으로 벨리슨은 '하늘에 있는 자'라는 상상 속 사람을 만들어내 사후 세계에 대한 이야기를 써서 일약 스타가 돼요.

여기에서 반전이 일어나요. 거짓말로 부와 명예를 거머쥔 뒤 애인과 급속도로 친해진 벨리슨은 어느 날 공원에서 데이트를 즐겨요. 그런데 애인이 뚱뚱하고 못생긴 자신에게 "당신이 가지고 있는 부와 명예로 당신의 DNA를 바꿀 수 있느냐?"는 질문을 하자 "바꿀 수 없다"며 진실을 털어놓아요. 그 말을 들은 애인은 벨리슨을 떠나 벨리슨의 숙적, 즉 유전적으로 우월한 사람과 결혼하기로 하고 결혼식

날짜를 잡아요. 마침내 결혼식 날, 예식장에 나타난 벨리슨은 결혼을 말리며 애인에게 말해요. "신체적 조건이나 유전 코드는 좋은 사람과 행복한 사람을 결정지을 수 없다"고.

이에 애인을 비롯한 많은 사람들이 '하늘에 있는 그분'의 뜻을 말해달라고 하자 벨리슨은 애인의 뜻이 더 중요하기 때문에 그럴 수 없다며 결혼식장을 빠져나가요. 애인은 뒤따라 나가며 물어요. "왜 하늘의 뜻을 말해주지 않는 거냐?"고. 벨리슨은 비로소 고백해요. '하늘에 있는 그분'에 관한 이야기는 어머니를 위해 모두 지어낸 이야기라고. 애인은 되물어요. "없는 걸 있다고 말할 수 있다면, 왜 부와 명예가 유전코드를 바꿀 수 있냐고 물었을 때 그럴 수 없다고 했느냐?"고. 이에 벨리슨은 "그런 건 중요하지 않으니까"라고 답하죠. 결국 애인은 자신이 진정 원하는 것은 벨리슨처럼 뚱뚱하고 못생긴 아이라며 벨리슨과 결혼하고, 부부는 벨리슨처럼 거짓말을 잘할 수 있는 능력을 가진 아이를 낳게 돼요.

저는 여태까지 거짓말의 탄생 구조를 이렇게 잘 묘사한 영화는 보지 못했어요. 심리학자들의 연구에 따르면, 인간은 하루 평균 1.5회씩 거짓말을 한다고 해요. 특히 처음 만나는 사람 앞에서는 10분 만에 거짓말을 세 번이나 한다고 하죠. 그러고 보면 인간은 모두 '타고난 거짓말쟁이'인 셈이에요.

심리학자들은 '생존 본능 때문에 인간은 거짓말을 한다'고 진단하고 있어요. 그리고 그러한 노력이 인간의 진화를 이끌어왔다고 주장하죠. 거짓말은 진실과 함께 인간의 생존에 반드시 필요한 두 개의 축이라는 거예요.

그런데 사람들은 왜 거짓말을 못하게 하고, 거짓말하는 것은 나쁘다고 할까요? '입안의 도끼로 자신을 찍는다'는 말이 있듯, 거짓말은 결국 사회적 갈등과 분열의 씨앗이 되기 때문이에요. 또 거짓말을 하면 거짓말하는 자신이 먼저 괴롭고, 결국 그 거짓말이 자신을 파멸로 이끌 수 있다는 것이 더욱 근본적인 이유이죠. 부처님께서 인간이 반드시 지키고 살아야 할 다섯 가지 계율을 말씀하시면서 '거짓말 하지 마라'는 계율을 네 번째로 넣으신 것도 그런 이유에서고요.

많은 사람들에게 오래도록 비웃음을 산 무사처럼 거짓말을 한 사람의 말로가 얼마나 비참한지는 충분히 알았을 거예요. 도산 안창호 선생님의 다음 말씀을 가슴속으로 되새겨보세요. "농담으로라도 거짓말을 하지 마라. 꿈속에서라도 성실을 잃었거든 뼈저리게 뉘우쳐라. 죽더라도 거짓이 있어서는 안 된다."

진실한 말은 으뜸가는 계율이요, 진실한 말은 하늘을 오르는 사다리다.

_「경율이상」

그래도, 있는 그대로의 모습을 사랑하라고요?

욕 쓰는 게
더 편한 걸 어떡하라고요?

———

교실에서 욕했다고 선생님한테 벌점을 받았어요.
제가 욕을 좀 많이 하는 편이거든요. 하지만 무조건 욕을 쓰지
말라고 강요하는 건 말이 안 된다고 생각해요.
욕이 빠지면 친구들과 이야기도 잘 안 되고,
어딘가 좀 싱겁기도 해요. 또 제 나름대로 생각해보건대
제가 스트레스를 좀 많이 받아서 욕을 자주 하는 것 같아요.
짜증나는 일이 있으면 자연스럽게 욕부터 나오거든요.
선생님이나 어른들이 듣기 싫은 소리를 할 때도 그렇고,
저를 '띠껍게' 쳐다보는 친구들 표정만 봐도 막 화가 나고
욕부터 튀어나와요. 저도 무조건 욕부터 하지 말고
짜증나는 일이 있어도 용서하고 넘어가자는 생각은 많이 하는데,
그래도 한 번 '빡치면' 어느새 욕부터 하고 있는 거예요.
스님, 어떻게 하면 욕을 안 하고 지낼 수 있을까요?

욕의 씨앗은 화예요.
그 습관의 고리를 알아차리세요.

'늙은 철학자의 마지막 말'이라는 시가 있어요. '나는 그 누구와도 싸우지 않았다. 싸울 만한 가치가 있는 상대가 없었기에.' 월터 새비지 랜더라는 시인이 일흔다섯 번째 생일에 쓴 시의 첫머리예요. 죽음을 얼마 남겨두지 않는 황혼의 노시인은 왜 이런 시를 썼을까요? 영국 낭만파 시인이었던 랜더는 실제로 일생 동안 많은 사건과 싸움에 휘말리며 살았어요. 하지만 자신의 시처럼 '상대가 싸울 만한 가치'가 없다며 누구와도 상대하지 않고 여든아홉 살까지 평화롭게 살다가 죽었다고 해요.

학생이 욕을 많이 하고 산다는 것은 노시인의 시처럼 '욕할 만한 가치가 있는 상대와 일'이 그만큼 많다는 뜻이 아닐까요? 욕할 만한 가치가 있는 상대와 일이 얼마나 많으면 욕을 입에 달고 살겠어요. 노시인의 시만 가슴에 품고 살아도 욕하는 횟수는 한결 줄어들 거예요. 다행인 것은 학생 스스로가 자신의 문제점을 잘 알고 있다는 거예요. 우리는 결코 다른 사람의 반응에 휘둘릴 필요가 없어요. 남이 나를 칭찬한다고 해서 왜 기뻐해야 할까요? 누군가는 나를 꾸짖고 비난할 터인데. 남이 나를 욕한다고 해서 왜 낙담해야 할까요? 누군가는 나를 칭찬하고 있을지도 모르는데.

욕하기를 매우 좋아하는 왕이 있었어요. 한번 욕을 하기 시작
하면 아무도 왕을 말릴 수 없었어요. 어느 날, 왕에게 새로운
스승이 생겼어요. 스승은 왕의 버릇을 고쳐주기 위해 궁리를
거듭했어요.

마침 히말라야 산 밑 한 호수에 거북이 한 마리가 살고 있었어
요. 어느 날 백조 두 마리가 그 호수로 먹이를 찾아 날아왔다
거북이와 친해지게 되었어요. 백조들이 거북이에게 말했어요.

"우리가 살던 히말라야 산 중턱에 눈부신 황금굴이 있는데, 함
께 구경 가지 않을래?"

"좋아. 그런데 그 먼 곳까지 내가 어떻게 갈 수 있을까?"

"걱정 마. 우리가 데려다줄게. 다만 도착할 때까지 넌 입을 꼭
다물고 있어야 해. 한마디도 하면 안 되는데, 할 수 있겠니?"

"응. 꼭 다물고 있을게. 그러니까 나를 황금굴에 데려다줘."

백조 두 마리는 나뭇가지 하나를 거북이 입에 물린 뒤, 나뭇가
지 양쪽 끝을 입에 물고 하늘로 날아갔어요.

그 모습을 본 동네 아이들이 놀려댔어요. "저것 봐. 거북이가
백조에게 물려 가고 있다!"

거북이는 자존심이 상했어요. 화가 치민 거북이는 입을 꼭 다물고 있겠다던 다짐도 잊고 그만 욕을 하고 말았어요.

"이 고얀 놈들. 네놈들이 무슨 상관이야!"

물었던 나뭇가지를 놓치는 바람에 거북이는 땅에 떨어지고 말았어요. 때마침 백조들은 왕의 궁전 위를 지나가던 참이었죠. 궁전 뜰에 떨어져 산산조각이 나 죽은 거북이를 보고 왕이 스승에게 물었어요.

"스승님, 거북이가 왜 저렇게 처참하게 떨어져 죽은 걸까요?"

스승이 대답했어요.

"이 거북이와 지금 하늘을 날아가고 있는 백조들은 얼마 전까지만 해도 서로 믿고 의지하는 친한 친구 사이였습니다. 백조들이 거북이를 히말라야 산 중턱에 있는 황금굴에 데려다주기로 하고 거북이에게 나뭇가지 중간을 물라고 한 뒤 자기들은 나뭇가지 양쪽 끝을 물고 하늘을 날아가고 있었습니다. 황금굴에 도착할 때까지는 거북이가 절대로 입을 열지 않는다는 조건으로요. 그런데 거북이가 입을 열고 말을, 그것도 욕을 하는 바람에 나뭇가지를 놓쳐 땅에 떨어져 죽고 말았죠. 쓸데없는 말이나 욕을 많이 하는 사람은 언젠가 반드시 불행한 일을 당하고 만답니다."

그 뒤로 왕은 필요 없는 말이나 욕을 완전히 삼가게 됐지요.

'입은 재앙의 문'이라는 부처님 말씀이 있어요. 입을 잘못 놀리면 스스로 화를 불러들인다는 뜻이죠. 부처님께서는 또 "성 안 내는 그 얼굴 참다운 공양구요, 부드러운 말 한마디 미묘한 향이로다. 깨끗하여 티 없는 진실한 그 마음이, 바로 한결같은 부처님 마음일세"라고 노래하셨어요. 또 "사람은 태어날 때 입안에 도끼를 가지고 나온다. 어리석은 사람은 말을 함부로 함으로써 도끼로 자신을 찍고 만다"고도 하셨죠. 아무리 다른 것을 잘해도 말을 잘못하면 그 사람의 인격은 물론 삶까지 망치는 경우가 많아요.

학생도 많이 보았을 거예요. 누구든 말 한마디를 잘못하면 하루아침에 장관직에서 물러나거나 국회의원 선거에서 떨어지고, 돈 많은 재벌이나 유명인사일지라도 감옥에 가게 되죠. 그걸 두고 누구 탓을 할 수는 없어요. 그 사람의 인품 수준이 그것밖에 되지 않았기 때문이에요. 인품을 잘 닦으려면 수행하는 수밖에 없어요. 부지런히 마음을 닦아야 해요. 그걸 수심(修心)이라고 하죠.

수심, 즉 마음 닦기는 자기 마음 관리예요. 자기 마음을 자기가 잘 알고 관리해서 잘 다룬다는 뜻이죠. 자신은 물론 다른 사람들의 삶을 유익하고 행복하게 하는 데 도움이 되도록 내 마음을 고요하고 평화롭게 유지하는 것을 말해요. 내 마음속에 '생명을 바라보는 사랑의 눈'을 장착한다는 뜻이기도 해요.

행복은 내 마음이 고요하고 평화롭고 자유롭지 않으면 찾아오지 않아요. 모든 생명을 향해 내 마음의 울타리를 열고 사랑의 눈으로 바라볼 때 나의 삶은 물론 다른 사람들의 삶에도 행복이 깃드는 거죠. 욕을 많이 한다는 것은 내 마음이 그만큼 자유롭지 못하고 고요하지 못하고 평화롭지 못하고 행복하지 못하다는 뜻이에요.

욕의 씨앗은 화예요. 그 습관의 고리를 끊기 위해선 자비의 눈으로 모든 생명을 바라보는 법을 배워야 해요. 참된 내 마음과 접촉할 때 자비와 사랑의 눈이 뜨이죠. 부처님과 예수님 등 성자들은 사랑과 자비의 눈을 뜬 사람들이에요. 깨달은 자를 눈뜬 자라 하는 것도 그 때문이에요. 성자들은 싸우거나 욕하지 않아요. 원수가 칼을 들이대도 상대하지 않아요. 욕하고 상대하고 싸울 만한 가치가 없기 때문이죠. 오히려 오른뺨을 때리면 왼뺨마저 내줘요.

화날수록 말을 삼가는 것이 욕을 하지 않는 첫 번째 길이에요. 사람은 누구나 자신에게 화나는 말이나 행동을 하면 고통을 받아요. 그래서 자신도 모르게 상대방에게 똑같은 말과 행동으로 고통을 안겨 주려고 해요. 그 촉매제가 바로 욕이에요. 내가 욕을 하면 상대방이 화가 나서 나보다 더 큰 고통을 겪을 것이라고 생각하기 때문이에요. 욕을 통해 얻는 일종의 쾌감이지요.

하지만 그것은 오산이에요. 욕을 하면 욕을 먹는 상대방보다 욕을 하는 내 마음이 훨씬 아프고 불편해져요. 내 욕의 강도가 세지는 만큼 상대의 욕도 강도가 점점 세지고, 나중에는 끝내 물리적인 싸움으로까지 번져 상대방과 나를 불태우고 말아요. 부처님께서 "입은 재앙의 문"이며, "어리석은 사람은 말을 함부로 함으로써 도끼로 자신을 찍고 만다"고 하신 것도 그 까닭이에요.

욕하는 습관을 바로잡기 위해선 먼저 내 마음 안에 있는 화의 씨앗부터 제거해야 돼요. 그것이 수행이에요. 가장 손쉽고도 효과적인 수행 방법은 '의식적으로 호흡하기'예요. 의식적으로 호흡하기는 시간과 장소의 제약을 받지 않아요. 따라서 언제 어디서나 할 수 있는 수행법이에요.

먼저 욕이 나오려고 할 때 무의식적으로 욕을 하지 말고 얼른 욕하려는 내 마음을 알아차리세요. 그런 다음에는 의식적으로 콧구멍으로 숨을 들이쉬고 내쉬면서 내 몸 안으로 들어오는 공기를 느껴보는 거예요. 그것을 자각, 또는 알아차림, 마음챙김이라고 해요. 팔정도에서 정염(바르게 마음의 센서 닦기)이 이에 해당되죠. 그렇게 세 번만 의식적으로 호흡하면 욕하고 싶은 마음은 저절로 가라앉아요.

내 마음속에 늘 좋은 것을 취해두는 연습을 하는 것도 욕의 연결 고리를 끊어내는 좋은 수행법이에요. 우리 마음의 무늬는 대부분 경험을 통해 형성돼요. 그 경험의 조각이 한 쪽 한 쪽 모여 내 마음을 직조하고 무늬를 형성해요. 그러니까 가능한 한 그 경험의 헝겊조각을 좋은 것으로 취해 내 마음을 직조하고 무늬를 형성하자는 것이죠.

예를 들어 환히 웃는 동생의 얼굴, 따스한 엄마의 손길, 선생님의 칭
찬, 맛있는 음식, 싱싱하게 핀 꽃, 상큼한 바람 등 우리의 기분을 좋
게 하고 산뜻하게 하는 사실을 내 경험으로 가져와 내 마음을 직조
해서 좋은 무늬를 만드는 거예요. 그런 다음 자주 그 기억을 마음속
에서 끄집어내 음미하는 시간을 많이 가져보는 거죠. 자신도 모르게
마음이 점점 정화되면서 한없이 맑고 평화로운 상태가 될 거예요.
맑은 연못에서 갑자기 흙탕물이 솟아날 리 없잖아요. 그렇게 긍정적
인 경험의 파편을 의도적으로 내 마음의 무늬로 형상화하다 보면 늘
행복감이 충만해지면서 화의 씨앗이 발아하지 못하고 말라죽죠. 고
통과 상처라는 부정적인 자양분이 없으니까요.

**아름다운 말은 사람의 마음을 감동시켜 듣는 이로 하여금 목욕을 한 듯 상쾌
하게 한다네. _「불소행찬」**

자퇴하고
싶어요

―――――

이제 막 고등학교에 진학했습니다. 중학교에 다닐 때부터
느낀 거지만, 대한민국의 학교라는 공간에선 뭔가를 꿈꾸기에
너무 어렵다는 생각을 하고 있습니다.
선생님들은 매달 시험을 보고 성적순으로 줄을 세웁니다.
시험에 나온 성적순대로 잘 살게 된다면,
이 사회는 얼마나 불행한 사회일까요. 학교에서 같은 반 친구를
괴롭히는 아이들도 별반 다를 것이 없어요.
그 애들도 역시 힘으로 줄을 세워요. 힘이 얼마나 센지,
공부를 얼마나 잘하는지, 돈이 얼마나 많은지,
오직 이런 것들만이 우리들의 기준이 되어버린 지 오랩니다.
저는 꿈이 있습니다. 춤추는 걸 좋아하고, 또 잘해서 최고의
춤꾼이 되고 싶어요. 하지만 그 꿈을 이루는 데 학교 졸업장이
큰 도움이 될 것 같지도 않습니다. 3년을 더 다녀봤자
저도 다른 아이들과 마찬가지 인생을 살 것 같아요.
차라리 학교를 자퇴하는 게 더 낫지 않을까요?

내 삶은 결국
내가 선택한 실의 색깔로 꿰맬 수 있어요.

어떤 실의 색깔을 선택할진 오로지 자신에게 달렸어요. 다른 사람이
아무리 좋은 색깔의 실을 골라줘도 본인이 싫으면 아무 소용이 없어
요. 다른 사람이 골라준 색깔의 실로 나의 삶을 꿰매봤자 행복해지지
않기 때문이죠.

혹시 〈죽은 시인의 사회〉라는 영화를 본 적이 있나요? 아이비리그 합
격률에서 최상위권을 기록하는 미국 최고의 명문학교 월튼 아카데
미를 무대로 벌어지는 이야기죠. 월튼 아카데미 출신은 대부분 명문
대학에 들어가고, 대학을 졸업한 뒤에는 의사와 변호사, 교수, 정치
가 등 미국 상류사회의 일원이 되어 온갖 부와 명예를 누리며 살게 되
죠. 그래서 부모들이 앞 다투어 자식을 월튼 아카데미에 입학시키려
고 했어요.

그러던 어느 날 존 키팅이라는 영어 선생님이 부임했어요. 같은 월튼
아카데미 출신인 키팅 선생님은 수업 첫날부터 파격적인 행보를 보
여요. 학생들에게 시에 대한 비평 이론을 서술한 교과서의 서론을 찢
어버리라 하고, 지금은 세상을 떠난 졸업생들의 사진을 보여주면서
카르페 디엠(Carpe Diem), 즉 "현재를 즐겨라"라고 속삭여요. 또 학

생들에게 시 구절이 적힌 쪽지를 나눠주고 공을 차면서 그 구절을 외치게 하는가 하면, 책상 위로 올라가 다른 각도에서 세상을 바라보도록 요구하기도 해요.

그전까지 월튼 아카데미 학생들은 자신들이 진정으로 원하는 것이 무엇인지도 모른 채 부모들이 원하는 대로만 살아왔지만, 키팅 선생님을 만난 뒤 비로소 자기 자신을 바라보고, 자기 내면의 목소리에 귀 기울이기 시작하죠. 자신이 정말로 바라는 것이 좋은 직장이나 미래가 아니라, 열정을 불태울 수 있는 무언가라는 사실을 깨닫게 된 거죠.

어쩌면 지금 학생이 방황하고 갈등하는 것은 학교생활의 참된 의미를 모르고 있기 때문이에요. 학교는 단순히 지식만 배우는 곳이 아니에요. 키팅 선생님이 제자들에게 말한 것처럼 "진정한 자유와 용기, 그리고 삶의 의미"를 깨우치기 위한 공간이에요.

물론 학생의 이야기가 전혀 틀린 것은 아니에요. 상당 부분 옳을 수도 있죠. 그러나 그만한 이유가 학교를 자퇴할 만큼 중요한 이유는 아닌 것 같아요. 학생들이 좋아하는 소녀시대나 엑소는 오히려 학교에 다니면서 더 큰 가수가 되고 더 훌륭한 연예인이 되었어요.

우선 학생이 왜 자퇴하는 것이 더 낫다고 생각하는지, 근본 원인을 파악해야 해요. 학교생활에 적응하기 힘들어 그럴 수도 있고, 친한 친구나 마음에 맞는 친구가 아직 없어서 그럴 수도 있고, 키팅 선생

님처럼 자기 마음을 알아주는 선생님이 없어서 그럴 수도 있고, 자기 마음대로 자유롭게 살고 싶어 그럴 수도 있고, 아니면 일시적 충동이나 우울증 등 심리적 요인 때문에 그럴 수도 있어요.

이유는 누구보다 본인이 더 잘 알고 있을 거예요. 그러나 이유가 아무리 분명하고 확실하다 해도 부모님과 함께 담임선생님이나 진로 상담 선생님 또는 전문가 선생님을 찾아가 허심탄회하게 면담을 한 뒤 결정을 내리는 것이 좋아요. 본인 스스로 판단해서 내린 주관적 결정과 여러 사람이 함께 보고 듣고 느끼고 판단해서 내린 결정은 하늘과 땅만큼이나 차이가 있으니까요.

〈죽은 시인의 사회〉라는 영화를 보면서 제가 감동했던 장면은 키팅 선생님이 적어준 시 구절을 외치며 함께 축구를 하던 학생들의 모습이에요. 학생들은 공을 차면서 차례차례 외치죠. "세상의 모든 항구를 구경할 선원이 되기 위해!" "참된 시인이 되기 위해!" "내 인생의 노예가 아닌 지배자가 되기 위해!" "총구 앞에서도 태연하게 앞으로 나아갈 수 있기 위해!" "승산 없는 싸움에 도전, 겁 없는 적을 상대하기 위해!"

월튼 아카데미 학생들은 키팅 선생님 밑에서 어느덧 자신의 삶을 꿰맬 실을 찾아내고 있었던 거예요.

누구든 그럴 수 있고, 또 그래야 해요. 우리의 삶을 꿰맬 실을 찾을 수 있는 곳은 학교밖에 없어요. 학교는 단순히 지식의 실만 찾는 곳

이 아니라 삶의 지혜와 의미와 용기와 동반자의 실을 찾는 곳이기
도 하거든요. 물론 학교 밖에서도 그런 색깔의 실을 찾아낼 수 있겠
지만 학교 안에서보다는 훨씬 힘들 뿐만 아니라 잘못된 색깔의 실을
찾아내기가 쉬워요. 만약 학교 밖에서 자신이 찾는 실의 색깔을 찾
아 용기 있게 외칠 수만 있다면 미련 없이 학교를 자퇴해도 좋아요.
하지만 그럴 각오와 용기가 없다면 학교에 남는 게 나아요. 다음의
이야기를 참고삼아 결정하면 더 좋을 거예요.

부처님께서 어느 성에 계실 때 일이에요. 성안에 여든 살이 넘
은 늙은 수행자가 한 명 살고 있었어요. 그 수행자는 부자였어
요. 하지만 성격이 몹시 완고한 데다 어리석기까지 해 사람들
에게 인색했고 욕심도 아주 많았죠.
수행자는 집짓기를 좋아했어요. 뜰 앞에는 사랑채를 짓고, 마
당 뒤편에는 별당을 지었을 뿐만 아니라, 회랑 수십 칸이 동
서로 이어진 시원하고 따뜻한 방에서 항상 안락하게 살았어
요. 아쉬운 것이 있다면, 최근에 지은 별당의 차양을 다는 일
을 마무리하지 못한 것뿐이었어요. 욕심 많은 수행자는 전문
가에게 품삯 주는 게 아까워 인부들을 데리고 직접 일하며 감
독했어요.

어느 날 부처님께서 혜안을 통해 보니, 그날 해가 지기 전에 수행자가 죽을 운명이었어요. 하지만 수행자는 일하느라 정신이 없어 자신의 운명을 돌아보지도 못하고 있었죠. 수행자가 가엾게 느껴진 부처님은 제자를 데리고 수행자의 집으로 갔어요. 그리고 말했어요.

"수행자여, 집을 짓느라 얼마나 고생이 많으시오? 집이 참 좋습니다. 그런데 대체 누구에게 주려고 그렇게 좋은 집을 짓고 있나요?"

수행자가 자랑스럽게 대답했어요. "앞쪽 사랑채에서는 손님을 대접하고, 뒤쪽 별당은 내가 머물고, 저쪽 집은 자식들에게 주고, 이쪽 집은 종에게 주고, 저기 있는 창고에는 재물을 쌓아 두려 합니다. 또 여름에는 시원한 다락방에 오르고 겨울에는 따뜻한 방 안에 들어가 살려고 그럽니다."

부처님께서 말씀하셨어요. "수행자여, 당신의 생사에 관한 일인데 잠시 일손을 멈추고 이야기를 좀 나눌 수 있겠습니까?"

늙은 수행자가 대답했어요. "저는 지금 너무 바빠 부처님과 이야기를 나눌 겨를이 없습니다. 뒷날 틈이 날 때 부처님의 말씀을 듣도록 하겠습니다."

그날 저녁 때였어요. 수행자는 지붕으로 서까래를 올리려다 서까래가 떨어지는 바람에 머리를 다쳐 즉사하고 말았어요.

돌아오는 길에 부처님은 마을 어귀에서 다른 수행자들을 만났어요. 수행자들이 부처님께 인사하며 물었어요.

"부처님, 어디에 다녀오시는 길입니까?"

"방금 죽은 수행자의 집에 가서 생사 문제를 알려주려 했으나 바쁘다고 해 뒷날로 미루었소. 그 바람에 그는 세상일의 덧없음을 모른 채 지금 막 저승으로 갔다오."

몸소 체험해보지 않았다면 아무리 지식이 많아도, 아무리 좋은 글귀를 잘 외워도 이익 될 것 없고 훌륭할 것 없다. 목동이 주인의 소를 아무리 많이 세어도 자기의 소는 한 마리도 없는 것과 같다. _『증일아함경』

친구들이
뚱뚱하다고 놀려요

———

저는 몸이 뚱뚱한 편이에요. 키도 작은 편이라 몸무게가
비슷한 애들과 비교하면 더 뚱뚱해 보여요.
그 때문에 학교는 물론 집에서도 자주 놀림을 받아요.
돼지라고요.
심지어 엄마는 제가 부끄럽기까지 하대요.
솔직히 남자친구도 사귀고 싶은데 살이 많으니까
남자들이 이상한 눈으로 바라보며 수군대는 것처럼
느껴질 때도 많아요. 길거리를 가다가 날씬한 애들을 보면
얼마나 부러운지 몰라요. 정말 저렇게 마르면 뭐든지
할 수 있을 것 같아요. 아침마다 거울을 보면 정말 고민이 돼요.
몸을 좀 더 가릴 수 있으면 좋겠는데
교복이라 더 눈에 띄는 거 같고…….
근데 저는 노래를 잘하거든요?
그래서 나중에 가수가 되면 좋겠다고 막연히 생각하고 있는데
이런 몸으로는 가수도 하기 힘들잖아요.

자신의 몸에
따뜻한 친절을 베푸세요.

두 사람이 다툰다고 해서 서로를 사랑하지 않는 것은 아니에요. 학생이 뚱뚱한 몸과 다투는 것도 마찬가지예요. 실은 몸을 사랑하기 때문에 뚱뚱하다는 사실에 더 집착하는 거예요. 학생은 지금 그 스트레스와 싸우고 있는 거예요. 마침 학생에게 꼭 맞는 이야기가 있네요. 『법구비유경』이라는 부처님 책에 나오는 이야기예요.

욕심 많은 왕이 있었어요. 왕의 눈은 항상 좋은 물건에 현혹되고, 귀는 항상 여러 소리에 어지럽혀졌으며, 코는 항상 향기에 집착하고, 혀는 항상 다섯 가지 맛에 탐착했으며, 몸은 항상 촉감을 향락했어요.
그 때문에 왕은 매끼마다 진수성찬을 대하고도 만족할 줄 몰랐고, 그럴 때마다 반찬 가짓수와 양이 늘어났지만 계속 허기를 느꼈어요. 음식만 보면 허겁지겁 게걸스럽게 먹었죠. 당연히 살이 쪘어요. 어찌나 살이 쪘던지, 앉았다 일어날 때마다 숨을 헐떡이며 괴로워했어요. 또 한 번 누우면 일어날 줄 몰랐어요. 몸이 불어나자 수레도 점점 큰 것으로 바뀌었어요. 견디다 못한 왕이 하루는 부처님을 찾아가 고민을 털어놓았어요.

"부처님, 무슨 죄업 때문인지 날로 몸이 불어 살아가기가 몹시 힘듭니다. 까닭을 알 수 없어 더 답답합니다."

왕의 말은 들은 부처님께서 말했어요.

"그렇군요. 사람은 다섯 가지 이유로 살이 찝니다. 첫째는 자주 먹기 때문입니다. 둘째는 잠자기를 좋아하기 때문이며, 셋째는 잘난 체 거들먹거리기 때문이고, 넷째는 근심 걱정이 없기 때문이며, 다섯째는 일하지 않고 놀기 때문입니다. 오직 이 다섯 가지가 사람을 살찌게 할 뿐이니, 만일 살을 빼고 싶다면 먼저 먹는 음식을 줄이고, 잠을 덜 자고, 오만한 생각을 버리고, 백성의 일을 항상 근심하고, 놀지 말고 일하기 바랍니다. 그렇게 하면 예전과 같은 몸을 되찾을 것입니다."

그러면서 부처님은 시 한 수를 읊었어요.

사람은 자제할 줄 알아야 한다
음식을 보고 적게 먹을 줄 알면
그로 말미암아 살찌는 일이 없고
소화가 잘되니 목숨을 보전하리라

시를 들은 왕은 기쁜 목소리로 전속 요리사를 불렀어요. 그리고 말했어요. "이 시를 잘 외어두었다가 음식을 가져올 때마다 들려다오."

그 뒤부터 전속 요리사는 음식을 내올 때마다 목청 높여 그 시를 외웠어요. 그때마다 왕은 고개를 끄덕이며 하루 한 숟가락씩 음식을 덜어내고 먹었고요. 점점 살이 빠진 왕은 마침내 옛날 모습을 되찾았어요.

몹시 기쁜 왕은 몸소 걸어 다시 부처님을 찾아갔어요. 절을 올리는 왕에게 부처님께서 물었어요. "왕이여, 수레와 말과 시종은 어디에 두고 혼자 걸어왔습니까?"

왕이 말했어요. "부처님의 가르침대로 행한 결과 몸이 전처럼 가벼워졌습니다. 그 일이 너무 기뻐 수레와 시종을 놔두고 제 발로 걸어왔습니다."

그러자 부처님께서 다시 말했어요. "왕이여, 세상 사람들은 육체의 탐욕만 기르면서 복된 일은 생각하지 않는 답니다. 하지만 사람이 죽으면 정신은 떠나가고 빈껍데기뿐인 몸뚱이만 무덤에 묻히죠. 그러므로 지혜 있는 사람은 부지런히 정신을 기르고, 어리석은 사람은 죽어라 육신만 기릅니다. 그런 줄 알았거든 이제부터는 성인의 교훈을 따라 백성과 나라를 잘 다스리기 바랍니다."

참으로 훌륭한 다이어트법이죠. 그리고 보면 부처님 시대에도 오늘날처럼 비만으로 고생하는 사람이 많았던가 봐요. 부처님의 다이어트법은 현시대에 적용해도 전혀 손색이 없을 정도예요. 이 말씀대로만 살면 머지않아 뚱뚱한 몸과 다투지 않게 될 거예요.

그전에 먼저 자신의 몸에 친절을 베푸는 것이 좋을 것 같아요. 모순 같지만, 자신의 몸에 스스로 친절을 베풀 줄 알아야 몸과 다투지 않고 사이좋게 지내며 효과적인 다이어트를 할 수 있어요. 몸이 좀 뚱뚱하다고 미워하니까 스트레스로 인해 더 살이 찌고 행동이 더 위축되고, 행동이 위축되니까 몸매에 더 자신감이 없어지는 거예요. 누가 돼지라고 놀리든 말든, 엄마가 뚱뚱하다고 부끄럽게 여기든 말든, 자신의 몸에 친절을 베풀며 좀 더 당당하게 사는 거예요. 그렇지 않으면 진정한 다이어트를 할 수가 없어요. 예나 지금이나 비만의 가장 큰 주범이 살을 빼야 한다는 강박감과 압박감이거든요.

내 몸에 스스로 친절을 베풀고 사는 건 그리 어렵지 않아요. 아무리 부끄럽고 창피한 일을 당해도 피해의식을 갖지 않고 "그래, 내 삶의 주인은 나야. 내 삶의 태도는 내가 결정해. 내 삶과 행복은 그 누구도 바꿀 수 없어" 하고 당당하게 맞서며 자신의 몸을 있는 그대로 사랑해주는 거예요. 그런 마음가짐이 없다면 오히려 다이어트를 시작하지 않는 편이 좋아요. 스트레스 때문에 살찔 위험만 더 높아지니까.

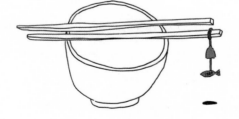

부처님 말씀처럼 다이어트 원리는 간단해요. 적게 먹고, 많이 운동하고, 많이 생각하고, 꾸준히 노력하면 돼요. 저도 건강 문제로 한때 몸무게가 76킬로그램까지 나간 적이 있어요. 적정 체중이 64킬로그램인데 무려 12킬로그램이나 더 나간 거예요. 갑자기 체중이 늘어나니 움직임도 둔해지고, 코도 심하게 골고, 아무리 자고 나도 몸이 늘 피곤하고, 정말 스트레스가 많이 쌓이더라고요. 그래서 다이어트를 하기로 마음먹은 뒤 음식 섭취량을 줄이고 운동을 많이 했어요. 인터넷으로 다이어트 방법도 검색하고, 여기저기 전문가를 찾아다니면서 자문도 구하고요.

가장 확실한 방법은 전문가의 지도 아래 전문가가 짜준 프로그램대로 다이어트를 하는 것이겠지만, 제 형편상 그럴 수 없었어요. 그래서 나름대로 계획을 세웠죠. 우선 먹는 음식부터 대폭 바꿨어요. 사과, 오이, 당근, 토마토, 브로콜리, 양배추, 비트 등 매끼 싱싱한 과일과 채소로 식단을 채우고, 밥도 흰밥 대신 완전 현미와 잡곡밥으로 바꿨죠. 탄수화물과 지방 섭취량을 최소화하는 대신 고구마와 바나나 등 식이섬유가 많이 함유돼 포만감이 오래 지속되는 음식과 저칼로리, 저지방식으로 식단을 바꾼 거예요. 그리고 단백질 보충을 위해 매일 아침 생두부를 먹었어요.

볶은콩, 아몬드, 호두, 땅콩 같은 간식도 준비했어요. 견과류를 가지고 다니다가 허기가 느껴지면 바로 먹었어요. 그런 간식은 두 가지

점에서 좋더라고요. 우선 영양분을 골고루 섭취할 수 있고, 허기를 없애줌으로써 밥을 먹을 때 폭식을 막아주는 역할을 해요.

다음으로는 운동이에요. 운동은 근력 운동과 오래 걷기, 달리기, 자전거 타기 등 유산소 운동을 같이 했어요. 다이어트가 목적이었기 때문에 근력 운동보다는 유산소 운동을 더 많이 했죠.

특히 오래 걷기는 여러모로 좋은 것 같았어요. 첫째 살 빼기 운동이 되고, 둘째로는 그 시간에 사색을 통해 머릿속으로 많은 일을 정리할 수 있었거든요. 저는 글을 많이 쓰기 때문에 한 시간이나 두 시간 동안 걷기 운동을 하면서 글감을 구상하고, 때로는 걷기 명상을 하면서 수행을 겸했어요. 학생은 가수가 꿈이니까 좋아하는 가수의 노래나 좋아하는 노래를 부르며 오래 걷기 운동을 하는 것도 참 좋을 것 같아요.

그중에서도 가장 효과가 컸던 것은 '먹기 마음챙김 명상'이었어요. 배로 숨을 쉬고, 음식을 가능한 한 천천히 오래 씹으며, 지금 내가 씹는 음식이 어떤 맛인지 등을 음미하며 밥 먹는 전 과정에 주의를 집중한 채 '의식적으로' 식사를 했어요. 그러다 보니 자연히 덜 먹게 되고, 별것 아닌 음식에서 고소한 향내가 나며, 먹는 것 자체가 수행이 되었어요.

그런데 여기까지는 누구나 다 시작할 수 있어요. 문제는 꾸준한 습관화와 실천이에요. 제가 지금부터 말하려는 것이 바로 그거예요.

'하루 24시간 실천 계획'과 '한 번에 10분 실천 계획'이죠. '하루 24시간 실천 계획'은 아무리 음식이 먹고 싶고 운동하기가 싫어도 오늘 하루만 음식을 적게 먹고 오늘 하루만 운동을 한다는 원칙이에요. 누구든지 하루만큼은 음식을 적게 먹고 운동을 할 수 있기 때문이에요. 내일 일은 걱정할 필요가 없어요. 중요한 것은 오늘 하루이고, 오늘 하루 다이어트 계획을 실천하는 것이 목표예요. 내일 일은 또 내일 하면 되니까요. 이것이 바로 '하루 24시간 실천 계획'이에요.

'한 번에 10분 실천 계획'은 아무리 음식이 먹고 싶고 운동이 하기 싫어도 10분 동안만 음식을 먹지 않고 10분 동안만 운동을 하는 거예요. 이때 간식이 필요해요. 가지고 다니는 견과류 간식을 조금만 먹으면 10분 안에 허기가 사라져요. 그렇게 허기를 미리 달래면 나중에 폭식도 안 하게 되죠.

운동도 마찬가지예요. 습관이 되기 전에는 날마다 빼먹지 않고 운동한다는 게 참 힘들어요. 완전히 자기 자신과의 싸움이죠. 그걸 극복할 수 있는 비결이 '한 번에 10분 실천 계획'이에요. 아무리 운동하기가 싫어도 '10분' 아니 '5분'만 운동하고 들어온다고 생각하고 운동하는 장소로 가서 일단 시작해보세요. 단, 학교 운동장이나 산책로, 헬스장 등 사람들이 많이 운동하는 장소여야 해요. '10분' 아니 '5분'만 운동하고 온다는 생각으로 사람들이 많이 있는 곳으로 가서 운동하다 보면 자신도 모르게 한 시간 넘게 운동하고 있는 스스로를 발견할 수 있을 거예요.

팁 하나 더. 외출할 일이 있을 때 저는 가능한 한 대중교통을 이용했어요. 지금도 서울 시내에 일 보러 나갈 일이 있으면 대부분 대중교통을 이용해요. 그리고 아무리 건물 층수가 높아도 반드시 걸어 올라 다녔고요. 그렇게 걷기 운동을 생활화하니 따로 시간을 내 운동하지 않아도 충분한 효과를 거둘 수 있었어요. 시간이 없어서 운동 못한다는 것은 거짓말이고 새빨간 핑계예요.

『선요』라는 부처님 책에 한로축괴 사자교인(韓盧逐塊 獅子咬人)이라는 말이 나와요. "개에게 돌을 던지면 개는 구르는 돌멩이를 쫓아가 입으로 물지만, 사자에게 돌을 던지면 사자는 구르는 돌을 쫓지 않고 돌을 던진 인간을 찾아 문다"라는 뜻이에요. 영리한 사람은 한마디 말을 들으면 바로 본질을 꿰뚫는데, 우둔한 사람은 말귀를 못 알아듣고 변죽만 울린다는 뜻이기도 해요.

그래요. 한번 목표를 세웠으면 구르는 돌멩이를 쫓아가는 개가 되지 말고 그 돌을 던진 사람을 쫓아가는 사자가 되길 바랄 게요. 학생 정도의 의지와 용기를 가지고 있으면 앞서 말한 이야기 속의 왕처럼 반드시 다이어트에 성공할 거예요.

자꾸만
외로워요

친구가 없는 건 아니에요. 가깝게 지내는 친구들도 많이 있어요.
왕따를 당하는 것도 아니고요. 근데 늘 외로운 느낌이 들어요.
정작 마음을 터놓고 말할 수 있는 친구가 없고요.
'베프'가 없어요. 외로움이 심할 때는
가끔 내가 죽으면 누가 슬퍼해줄까 하는 생각도 해요.
우리 반 친구들 중에 과연 누가 저를 위해 울어줄까요?
인생을 헛산 것 같다는 생각이 들어요. 물론 이게 바보 같은
생각인 줄은 알아요. 하지만 자꾸 눈물이 나고 외로운 걸 어떡해요?
요새는 혼자 책상에 멀뚱멀뚱 앉아 있을 때가 많아요.
옆에서 친구들이 자기들끼리 왁자지껄 떠드는 걸 보면 제가
완전히 딴 세상에 있는 것 같아요. 집에서도 늘 혼자예요.
제가 어렸을 때 부모님이 성격 차이로 이혼을 하셨거든요.
그 뒤부터 외할머니하고 함께 살았는데, 그래서 그런지 어떤
공허감이 저를 크게 짓누르고 있는 것 같아요.
친구들과 같이 있어도 늘 혼자라는 생각을 떨치기 힘든데,
스님, 어떻게 하면 이 공허감에서 벗어날 수 있을까요?

무엇보다
자신의 삶을 신뢰할 필요가 있어요.

무슨 일 혹은 사건 때문에 학생은 지금 자신의 삶에 대한 신뢰를 잃고 있어요. 그것은 부모님의 이혼일 수도 있고 외할머니와 함께 사는 환경일 수도 있고, 어려서 입은 어떤 상처 때문일 수도 있어요. 어쩌면 학생의 마음은 지금 폭발 직전의 상태인지도 몰라요.

사실 인간의 마음엔 누구나 괴로움과 고통이 들어 있어요. 부처님께서 인생을 고해(苦海)라 하신 것도 그 때문이죠. 태어나면서부터 인간은 '끝없이 괴로운 세상'에서 살아갈 수밖에 없다는 말이에요. 그 때문에 부처님께서는 사랑하는 아내와 아들을 남겨두고 출가하셨어요. 괴로움이 끝이 없는 고해의 세상을 바르게 헤쳐나갈 방법을 찾기 위해서 말이에요.

외로움도 고통의 하나예요. 어떤 사람은 병 때문에 괴로워하고, 어떤 사람은 사랑하는 이를 잃어 괴로워하죠. 스페인의 철학자 미구엘 드 우나무노는 이렇게 말했어요. "슬픔의 습관을 떨쳐버려라. 그리고 그대의 영혼을 회복하라"고. 학생도 마찬가지예요. 이제 '외로움의 습관'을 떨쳐버리고 학생 본래의 영혼을 회복해야 돼요. 다음 이야기 속 여인처럼 말이죠.

어느 집에서 남편이 병으로 죽었어요. 생전에 남편과 나눴던 깊은 사랑 때문에 아내는 더 이상 살고 싶은 마음이 없을 정도로 슬펐어요. 풍속에 따라 아내는 남편을 화장한 뒤 땅에 묻었어요. 아내는 날마다 맛있는 밥과 반찬을 만들어 남편의 무덤에 갔어요. 그리고 남편에게 드시라면서 묘 앞에 차려놓았어요. 그때마다 아내는 서러움을 참지 못하고 슬피 울었어요. "여보, 제발 제가 해온 밥과 반찬 좀 드셔보세요."

날마다 죽은 남편을 추모하러 다니는 동안 재산은 점점 바닥나고, 그와 더불어 여인의 몰골도 초라해졌어요.

어느 목동이 그 모습을 보았어요. 목동은 죽은 소 한 마리를 구해 여자의 남편이 묻힌 무덤 옆에 나란히 묻었어요. 그러곤 여자가 남편 무덤 앞에 밥상을 차릴 때마다 소꼴을 베어 죽은 소 무덤 앞에 놓고 무릎을 꿇은 뒤 슬프게 울었어요.

"사랑하는 소야, 제발 일어나 꼴 좀 먹으려무나."

그걸 본 여인이 목동에게 말했어요. "아니, 목동아. 어쩌자고 죽은 소 무덤 앞에서 그러고 있니? 그런다고 죽은 소가 되살아오지는 않잖느냐? 그렇게 운들 무슨 소용이 있겠느냐? 참 어리석구나."

그러자 목동이 대답했어요.

"아주머니, 저는 어리석지 않아요. 우리 소는 금방 죽었으니까

이렇게 계속 부르면 살아날지도 몰라요. 하지만 아주머니 남편은 죽은 지 너무 오래된 데다 화장까지 해버렸으니 절대로 살아 돌아올 리 없잖아요. 그런데도 아주머니는 날마다 밥과 반찬을 해와 묘 앞에 차려놓고 남편이 살아나기를 기다리고 있으니, 아주머니야말로 어리석은 사람 아닌가요?"

그제야 여인은 정신을 차리고 정상적인 생활로 돌아왔어요.

학생이 겪고 있는 외로움은 어쩌면 인간의 본질적 괴로움이에요. 기독교에서는 이것을 원죄(原罪)라고 해요. 하지만 우리는 이미 있는 그대로 100점짜리 존재예요. 그런데도 내가 괜찮은 존재임을 망각하고 밖에서 그 무엇인가를 찾으려고 하는 거죠. 마치 선악과를 따먹고 에덴동산에서 쫓겨난 아담과 이브처럼 말이에요.

엄밀히 말하면 그건 욕심이에요. 나를 인정해주는 사람은 없을까, 지금보다 더 즐거운 일은 없을까, 더 기쁘고 신나게 사는 방법은 없을까 하는 마음이 한 덩어리로 뭉쳐져서 외로움으로 나타나는 거예요. 하지만 억지로 없애려 한다고 해서 외로움이 없어지는 건 아니에요. 내 마음이 고요해지고, 맑고 깨끗해지면 저절로 사라져요. 원효 스님이 우리 마음을 일체유심조(一切唯心造)라고 한 것도 그 때문이에요. 모든 것은 오직 내 마음 작용일 뿐이라는 거죠. 내 존재 자체로 이미 완전하고, 내 존재 자체로 아름답다는 것을 잊고 다른 존재에 기대 내 삶의 의미를 찾으려고 하기 때문에 외로운 거예요.

청소년기의 외로움은 매우 위험해요. 외로움을 느끼는 기간이 길어지면 우울증으로 변할 수 있고, 그러다 보면 우울증을 없애려다가 바람직하지 못한 일을 저지를 수 있죠.

외로움에서 벗어나기 위해선 내가 먼저 나를 사랑해줘야 해요. 온 우주보다 내가 더 소중하고 귀하고 아름다운 존재라고 생각하고 내 안에 있는 나에게 한없는 사랑과 자비의 마음을 보내는 거예요. 내 안에 있는 나를 심리학적 용어로 '내재아' 또는 '내면아이'라고 해요. 우리가 외로운 건 사실 이 내면아이가 우리 안에서 외롭다고 소리치며 울고 있기 때문이에요.

우리의 외로움은 이 내면아이만 달래주면 금방 없앨 수 있어요. 다행히 부처님께서는 그런 우리들을 위해 매우 좋은 약을 만들어놓으셨어요. '사람이 바르게 살기 위해 실천해야 하는 여덟 가지 길'인 팔정도(八正道)가 그거예요.

첫째, '바르게 깨닫기'인 정견(正見)이에요. 세상과 삶의 이치를 바르게 보고 바르게 깨닫는 거예요. 둘째, '바르게 생각하기'인 정사유(正思惟)예요. 매 순간, 어떻게 하면 남에게 해를 끼치지 않고 살 수 있을까 생각하는 거예요. 셋째, '바르게 말하기'인 정어(正語)예요. 남이 상처받지 않도록 바른 말만 하고 사는 것을 말해요. 넷째, '바르

게 행동하기'인 정업(正業)이에요. 살생이나 도둑질 등 문란한 행위를 하지 않는 것을 말해요. 다섯째, '바르게 생명을 유지하기'인 정명(正命)이에요. 나쁜 짓을 하지 않고 바른 생활을 하다가 죽는 것을 말해요. 여섯째, '바르게 마음을 정화하기'인 정정진(正精進)이에요. 이미 저지른 잘못은 없애려고 노력하고, 아직 저지르지 않은 잘못은 하지 않으려고 노력하며, 미처 하지 않은 좋은 일은 하도록 노력하고, 이미 한 좋은 일은 더 많이 해서 밝은 기운이 더 커지도록 노력하는 것을 말해요. 일곱째, '바르게 마음의 센서 닦기'인 정염(正念)이에요. 바른 생각과 바른 의식으로 항상 바른 목적과 바른 이상을 추구하며 사는 것을 말해요. 마지막으로, '바르게 집중하기'인 정정(正定)이에요. 일상생활을 하는 가운데 마음을 안정시키고 정신을 집중하는 것을 말해요.

이 가운데 '바르게 마음의 센서 닦기'와 '바르게 집중하기'만 잘하면 외로움은 눈 녹듯이 사라질 거예요. 내 외로운 내면아이를 발견해서 돌봐주고 목욕시켜주고 밥을 먹여주며 따뜻하고 기분 좋게 해줄 사람은 오직 나밖에 없어요. 그러기 위해선 내 마음의 센서를 바르게 닦아 내 안의 내면아이를 바르게 발견하고, 내면아이의 고통이 무엇인지를 바르게 직시하고 집중해서 편안하고 즐겁게 해줘야 해요.

스스로 잘 자라준 자신에게 고마워하며 선물을 주는 것도 좋은 방법이에요. 실제로 자신이 갖고 싶은 선물을 산 뒤 내가 나에게 보내는 고마움의 편지 한 통을 써서 선물 안에 넣어 나에게 선물하는 거예요. '나야. 힘든 나를 잘 지켜줘서 고마워. 그동안 내가 돌봐주지 않아서 많이 섭섭했지. 이제부턴 잘 돌봐줄게. 고마움의 표시로 네가 갖고 싶어 하는 선물을 마련했어. 기쁘게 받아줘' 하고 내 안의 나에게 편지를 써서 선물과 함께 주는 거예요. 그렇게 외로운 내면아이를 기쁘게 해주면 어느 순간에 내면아이가 웃으면서 밖으로 걸어 나올 거예요. 그래서 친구들에게, 외할머니에게, 이혼한 엄마 아빠에게 말을 걸 거예요.

삶의 목표는 행복이고, 삶의 모든 무늬는 행복을 향하고 있어요. 학생이 외로운 것은 학생의 삶의 무늬가 아직 행복을 발견하지 못했기 때문이에요. 마음수행은 내 안의 부정적인 몸짓을 물리치고 긍정적인 몸짓을 키우는 작업이에요. 좀 힘들더라도 먼저 학생의 외로운 내면아이와 친하게 지내보세요. 아마 내면아이도 학생을 굉장히 반겨줄 거예요.

아무리 아름다운 꽃도 꺾어서 물이 없는 꽃병에 꽂으면 한나절도 지나지 않아 시들어버려요. 저 먼 들판에 핀 꽃 한 송이가 아름다울 수 있는 까닭은 드넓은 대지의 넉넉한 품과 산허리를 감아 도는 잔잔한 시냇물과 산등성이를 넘어오는 시원한 바람이 있기 때문이고요. 언젠가는 잃어버린 내면아이가 봄을 물고 한 장의 잎사귀처럼 우리 앞으로 다가올 거예요.

어떻게 하면
자신감을 가질 수 있나요?

———

저는 자신감이 참 부족한 것 같아요.
친구들과 사귀는 데도 소극적이어서 밥도 혼자 먹을 정도예요.
물론 예전에는 혼자 밥 먹는 게 많이 신경 쓰였는데,
지금은 당당하게 혼자 먹긴 해요. 그러나 생각해보면
혼자여도 당당한 것이 아니고 어쩔 수 없이 혼자 있는 쪽을
선택한 것 같아요. 새 학기가 되면 새로운 친구를
만들어봐야지 하고 생각하는데 막상 다가서려면 소심해져요.
친구가 없다 보니 학교에서도 존재감이 거의 없고,
심지어는 집에서도 마찬가지예요.
자신감 있게 살라는 말을 자주 듣는데 그럴 때마다
오히려 위축이 돼요. 특히 수업 시간에 발표할 차례가 되면
갑자기 머리가 멍해지고 무슨 말을 해야 할지 모르겠어요.
혹시 말실수라도 하면 누가 비웃을까 봐 미리 걱정부터 해요.
혼자 있을 때 가끔 마음속으로 자신감을 갖자고
굳게 다짐도 해보지만,
그렇게 한다고 효과가 있는 것도 아니고,
도대체 어떻게 해야 자신감이 생길지 모르겠어요.

사람은 모두 자신만의 가락을 갖고
거기에 맞춰 살아가요.

자신감이 없어서 고민을 하고 있군요. 하지만 언제나 자신감 있게 살아가는 사람도 이 세상엔 흔치 않아요. 우리의 마음속에서는 자신감과 패배감이 늘 치열하게 싸우고 있기 마련이에요. 우선 하나밖에 없는 삼대독자를 먼저 떠나보내고 한없이 절망하다 부처님의 말씀을 듣고 자신의 삶을 되찾은 어머니 이야기를 들어보세요.

부처님께서 영취산이라는 높은 산에서 사람들에게 가르침을 펴실 때의 일이에요. 하루는 늙은 여인이 부처님의 말씀을 들으며 서럽게 통곡하고 있었어요. 얼마 전에 삼대독자를 잃었기 때문이죠. 땅속에 아들을 묻은 날부터 늙은 여인은 물 한 모금 마시지 않고 아들 무덤 앞에서 울었어요.

늙은 여인 앞으로 다가간 부처님께서 자비로운 목소리로 물었어요. "여인이여, 왜 울고 있는지요?"

여인이 통곡하며 말했어요. "애지중지 키운 삼대독자 외아들이 저를 버리고 갔습니다. 저는 혼자 살아갈 힘이 없습니다.

저도 아들 뒤를 따라가고 싶습니다."

부처님께서 다시 물었어요. "여인이여, 그럼 목숨을 버려서라도 외아들을 살리고 싶다는 건가요?"

늙은 여인이 눈을 동그랗게 뜨며 소리쳤어요. "부처님, 진정 그렇게 해주실 수 있겠습니까?"

부처님께서 웃으며 말했어요. "여인이여, 오늘 안으로 저에게 불을 가져다주세요. 그러면 신통력으로 외아들을 살려내겠습니다. 대신 조건이 하나 있습니다. 그 불은 반드시 사람이 한 번도 죽지 않은 집에서 가져와야 합니다. 그렇지 않으면 신통력이 힘을 발휘하지 못합니다."

늙은 여인은 귀가 번쩍 뜨여 당장 불을 구하러 떠났어요. 그리고 길거리에 나가 지나가는 사람들마다 붙잡고 물었어요.

"집안에 사람이 한 번도 죽은 일이 없나요?"

"일가친척 가운데 한 사람도 죽지 않은 집안을 보았나요?"

지나가는 사람마다 붙잡고 물어보았지만, 여인은 그런 사람을 한 명도 만날 수가 없었어요. 도리어 그렇게 묻고 다니는 여인을 보고 사람들이 반문하기까지 했어요. "조상 대대로 따져보면 한 사람도 죽지 않은 집안이 어디 있겠어요?"

해질녘까지 돌아다녔지만 여인은 부처님께서 구해 오라던 불을 구할 수가 없었어요. 절망한 여인은 빈손으로 부처님께 돌아왔어요. 그리고 풀 죽은 목소리로 말했어요.

"부처님, 하루 종일 돌아다녔지만 부처님께서 말씀하신 불을 구할 수 없어 그냥 돌아왔습니다."

부처님께서 활짝 웃으며 대답했어요. "맞습니다. 하늘과 땅이 생긴 이래로 모든 사람은 죽기 마련입니다. 그렇기 때문에 살아 있는 동안 잘 살아야 합니다. 아들은 이미 죽은 사람입니다. 당신도 언젠가는 죽을 몸, 지금 살아 있는 동안 열심히 살기를 바랍니다."

자신감이 없다고 고민하는 것은 이미 죽어버린 외아들이 살아나기를 기다리며 울고 있는 여인과 다름없어요. 이 세상에 사람이 한 번도 죽지 않은 집은 없어요. 자신감도 그와 같아요. 사람이 한 번도 죽지 않은 집안의 불처럼, 자신감은 어딘가에 별도로 존재하는 게 아니에요. 하지만 그 불은 이미 내 안에 있어요. 나는 그 불을 발견하기만 하면 돼요.

다른 사람들에게 억지로 나를 사랑하라고 강요할 순 없어요. 그저 내가 사랑받을 일을 하면 돼요. 그게 자신감이에요. 그러기 위해선 나만의 춤을 추어야 해요. 나만의 가락에 맞춰 나만의 춤을 추지 못하고 부모의, 친구의, 선생님의, 세상의 가락에 맞춰 춤을 추다 보니 점점 더 자신감이 없어지는 거예요.

사람은 날 때부터 모두 자신만의 고유한 가락을 가지고 태어나요. 태어날 때부터 내 몸과 마음에 흐르고 있는 나만의 고유한 가락이 나를 진짜 '나'이게 해줘요. 학생은 지금 그 가락을 잃어버렸어요. 학생이 자신감을 찾기 위해선 무엇보다도 자신만의 고유한 가락을 회복해야 돼요.

앞서 말했듯, 그 고유한 가락은 학생의 몸과 마음에 이미 들어 있어요. 학생이 발견해서 그 가락에 맞춰 자신만의 고유한 춤을 추기만 하면 돼요. 어쩌면 학생의 몸과 마음은 학생이 빨리 그 가락을 발견해 춤을 춰주기를 간절히 기다리고 있는지도 몰라요. 틀림없이 그럴 거예요.

변화는 밖에서 일어나는 것이 아니라 내 안에서 일어나는 거예요. 내 밖의 세상은 내 맘대로 바꿀 수 없지만 내 안의 세상은 얼마든지 내 맘대로 바꿀 수 있거든요. 나만의 가락에 맞춰 나만의 춤을 신나게 추다 보면 내 안에서 춤추고 있는 또 하나의 나를 보게 되지요. 그 아이가 진짜 '나'이고 내 본모습이에요.

나만의 춤을 추지 못하는 또 다른 이유는 다른 사람의 가락을 너무 의식하기 때문이에요. 다른 사람의 눈치를 보느라 내 가락에 맞춰 춤을 추지 못하고 다른 사람의 가락에 맞춰 춤을 추는 것은 꼭두각시나 다름없어요. 그것은 내 안에 들어 있는 부정적 감정, 예를 들면

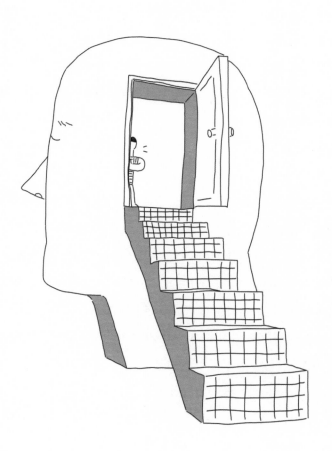

수치심과 열등감과 우울, 외로움, 절망감, 죄책감, 두려움, 불안, 억울, 질투, 자학, 비교의식 등이 드러나는 거예요. 자신감을 회복하기 위해서는 먼저 그런 부정적인 감정부터 청소해야 돼요.

부정적인 감정을 몰아내는 법은 간단해요. 그 부정적인 감정에게 사랑의 메시지를 보내면 돼요. 이럴 때 흔히 쓰는 심리치유기법이 '자기 자랑 노트' 쓰기예요. 이것을 '자기 사랑 노트' '자기 칭찬 노트' '자기 장점 노트' '자기 긍정 노트' 쓰기라고도 해요.

자기 자랑 노트를 쓸 때는 '나는 나의 어떤 점이 좋다' 또는 '나는 내가 어떠어떠해서 좋다'는 식으로 짧고 간단하게 단문 형식으로 쓰면 돼요. 단, 주어는 반드시 '나는'으로 시작하고 서술어는 반드시 '좋다'로 끝내야 돼요.

인간은 누구나 저마다의 소중한 가치와 특별한 목적을 갖고 태어났어요. 이 세상에 쓸모없는 사람이 하나도 없는 이유가 그거예요. 헬렌 켈러 같은 위인만 보아도 알 수 있어요. 보지도, 듣지도, 말하지도 못하는 삼중고의 장애인이었지만, 금세기에 헬렌 켈러만큼 인류에게 감동을 준 사람도 드물죠. 그런 헬렌 켈러도 자신만의 고유한 가락을 찾아 자신만의 고유한 춤을 추기 위해 평생 동안 '자기 자랑 노트'를 썼어요. 그것도 무려 3천 가지나 되는 자기 자랑을 썼다고 하죠. 그중 몇 가지를 살펴볼까요.

세상이 고통으로 가득할지라도, 그것을 극복하는 힘 또한 가득하다.

나는 눈과 귀를 잃었지만, 정신만은 잃지 않았다.

자기 자신만의 춤을 추기 위해선 스스로에 대한 자긍심을 갖는 것도 중요해요. 자신에 대한 자긍심이 없으면 진정으로 자신을 사랑할 수 없어요. 자신도 사랑하지 못하는 사람이 어떻게 자신감을 갖고 다른 사람들 앞에 당당히 설 수 있겠어요. 그러기 위해선 다른 사람의 최대치에 나를 맞추지 말고 나 자신의 최대치에 나를 맞추면 돼요. 나는 언제나 '나'이니까.

내 자신감을 억누르는 장애물은 반드시 내 안에 있어요. 그걸 발견해내는 게 급선무예요. 장애물만 제거하면 내 고유의 가락은 저절로 춤을 추기 시작하니까요. 그럼 내 안의 장애물은 어떻게 생겨난 걸까요? 어려서부터 부모에게 억압을 많이 당했다든지, 비교를 많이 당했다든지, 누군가의 마스코트가 되어 살았다든지, 희생양이 되었다든지, 대리만족자로 살았다든지 등등의 원인 때문이죠. 하지만 그렇다고 다른 사람들을 탓할 수는 없어요. 결국은 내가 내 상처를 치유하고 극복해야 하니까요.

그러기 위해선 때론 '미움 받을 용기'도 필요해요. 심지어 '화를 내는 용기'도 필요해요. 심리학자 게일 로즐리니는 "화내는 것을 두려워 말라. 당신이 내성적인 성격의 소유자라면 화날 일이 있을 때 참을 필요가 없다. 당신이 화를 낼 수 있다면 이미 당신은 화가 나는 문제의 절반을 해결한 셈이다"고 했어요. 심리학의 거장 알프레드 아들러는 "인간은 얼마든지 변할 수 있는 존재"라며, 자유도 행복도 모두 '용기'의 문제이지 환경이나 능력의 문제가 아니며 자기계발을 위해선 '미움 받을 용기'도 필요하다고 말했어요.

이제 타인의 춤은 완전히 버리세요. 그리고 나만의 춤을 추세요. 내 몸과 마음의 고유한 가락을 찾아내 나만의 춤으로 그들에게 다가가세요. 더 이상 타인의 삶을 사지 마세요. 자신의 삶을 사세요. 물론 시간이 좀 걸릴 수도 있어요. 동전에는 반드시 양면이 있으니까. 하지만 삶은 내가 손에 무엇을 쥐고 있는지가 아니라 무엇을 더 많이 발견했는가에 달려 있어요. 헬렌 켈러가 발견해낸 자기 사랑처럼 학생도 이제부턴 자기 자랑 노트를 쓰며 자신의 가락을 발견해보세요.

쉬지 않고 끊임없이 계속하면 무슨 일이든 마침내는 이루어진다. 저 시냇물이 흘러 흘러 마침내 바다에 이르듯이. _「법구경」

엄마 아빠는
절 사랑하는 걸까요?

엄마 아빠가
정말 싫어요

———

엄마 아빠가 절 낳아준 건 잘 알아요.
그런데 고맙다는 생각은 안 들어요. 어렸을 때는 잘 몰랐는데,
엄마 아빠는 거의 하루걸러 부부싸움을 했던 것 같아요.
이제는 제가 중학교에 들어가고 어느 정도 철이 드니까
왜 저렇게 사나 하는 답답한 마음이
들어요. 싸움을 할 때는 집안에 난리가 나요.
텔레비전도 막 집어 던지고 전화기도 박살내고요. 방문을 때려
부셔서 구멍이 뻥 뚫린 적도 있어요. 죽이네, 살리네,
그런 소리를 하면서 온 동네 사람들이 다 알 정도로 난리를 치고요.
왜 이런 집에서 살아야 하나 싶어요. 하루라도 웃음꽃이 피어나는
날이 없어요. 그러면서도 저한테는 또 부모 행세를 하려고 해요.
제가 공부를 못한다고 야단치고, 제가 인상을 쓰면 또 인상을
쓴다고 때릴 때도 있어요. 그래도 제가 반에서 중상위권에는
들어요. 그런데도 성적이 잘 안 나온다고 야단을 치는 거예요.
제 생각엔 자기들끼리 서로 싸우면서 생긴 화를 괜히
저한테 푸는 것 같아요. 그럴 거면 왜 저를 낳은 거죠?
왜 우리 가족은 같이 사는 건가요?

용서와 사과로
스스로 만든 벽을 무너뜨릴 수 있답니다.

학생은 마치 날기를 멈춰버린 새 같아요. 하지만 이제부턴 다시 훨훨 날아보세요. 나는 '나'이니까요. 인생은 결국 자기 혼자 가는 길이에요. 이제부터는 부모에게 기대려고 하지 마세요. 홀로서기를 하세요. 학생에게는 이미 그 힘이 주어져 있어요. 하지만 어떤 경우라도 엄마 아빠가 나를 낳아주신 은혜를 잊어서는 안 돼요. 엄마 아빠는 내 뿌리니까요.

하루는 부처님께서 제자들을 데리고 길을 가는데 길거리에 수많은 해골이 나뒹굴고 있었어요. 그 뼈 무덤을 본 부처님께서 갑자기 무릎을 꿇고 절을 했어요. 부처님의 갑작스런 행동에 제자들은 어쩔 줄 몰랐어요. 제자 가운데 한 명이 부처님께 여쭸어요.
"부처님, 어찌 된 까닭에 한낱 이름 없는 해골더미에 그토록 절실하게 절을 올리시는지요?"
부처님께서 대답했어요. "너희들은 어찌 그리 어리석단 말이냐. 저 수많은 해골 중에 우리의 조상이 없다고 누가 확신할 수 있겠느냐. 그런데 이렇게 비바람을 맞고 있으니 어찌 그냥 지나칠 수 있겠느냐."

그제야 제자들은 부처님의 뜻을 알아챘어요. 조상들이 존재하기에 자신들도 있다는 당연한 사실을 깨달은 거죠.

부처님께서 계속해서 말했어요. "제자들아, 저 뼈를 둘로 나눠보아라. 남자의 뼈는 희고 무거우며, 여자의 뼈는 검고 가벼우리라."

"부처님, 그것은 또 무슨 연유입니까?"

"남자는 살았을 때 경전도 독송하고 부처님의 명호도 염송하며 집안을 위해 열심히 일해 그 뼈가 희고 무거울 것이며, 여자는 아이를 낳고 기르는 동안 서 말이나 되는 피를 쏟고 여덟 섬이나 되는 젖을 먹이기 때문에 그 뼈가 검고 가벼울 것이다."

제자들은 부처님의 깊은 뜻을 알아차렸어요. 부처님은 자신들을 낳고 길러주신 부모님의 은혜가 죽어서도 뼈에 흔적이 남을 만큼 크고 깊다는 것을 전해주려 하셨던 거예요.

이참에 저도 고백하고 싶은 게 있어요. 농사만 짓는 궁촌에서 태어난 저도 어렸을 적에 부모님이 싸우는 것을 자주 목격했어요. 무슨 이유에선지 모르지만 술을 마신 아버지는 어머니에게 폭언과 폭행을 일삼고, 그게 억울한 어머니는 자식들이 보거나 말거나 신세한 탄을 하며 두 발 뻗고 큰 소리로 울었죠. 그때마다 저는 부엌문 뒤에 숨어 벌벌 떨며 어머니와 아버지의 싸움을 지켜보곤 했어요. 아버지께선 또 어린 아들의 담력을 키우고 사나이답게 기른다며 한밤중에 2킬로미터 정도 떨어진 공동묘지에 보냈고, 어떤 때는 시험 점수가 적게 나왔다며 어두운 창고에 가둬놓고 때리기도 했어요.

아버지에 대한 미움과 공포는 출가한 뒤에도 쉽게 사라지지 않았어요. 아버지에 대한 원망과 원한이 사라지기까지는 참 많은 세월이 흘렀죠. 그 상처를 씻어내기 위해 심리치료도 받고 영성 수련을 하는 곳을 수없이 찾아다녔어요.

하지만 진리는 딱 하나였어요. '용서'와 '화해'였죠. 내 안의 나를 용서하고 아버지를 용서하고, 내 안의 나와 화해하고 아버지와 화해하는 것만이 내 안의 상처를 씻어내는 유일한 치유 방법이었죠. 그렇게 내가 태어나서 성장하기까지 나를 길러주고 가르쳐주신 부모님의 은혜에 대해 깊이 감사하고 참회하다 보니 부모님에 대한 연민으로 서러움이 복받쳤어요. 『부모은중경』이라는 불교 경전에 이런 구절이 있어요.

어머니의 은혜에는 열 가지가 있다.

첫째는 아기를 잉태해 열 달 동안 온 정성을 기울여 지키고 보호해주신 은혜, 둘째는 아기를 낳을 때 큰 고통을 받으신 은혜, 셋째는 아기를 낳고 나서야 모든 근심을 잊으신 은혜, 넷째는 입에 쓴 음식을 삼키고 단 음식은 아기에게 먹여주신 은혜, 다섯째는 마른자리를 골라 아기를 눕히고 자신은 스스로 진자리에 누우신 은혜, 여섯째는 때맞추어 젖을 먹여 길러주신 은혜, 일곱째는 똥과 오줌 등 온갖 더러움을 가려 깨끗이 씻어주신 은혜, 여덟째는 자식이 먼 길을 떠나면 생각하고 염려해주신 은혜, 아홉째는 자식을 위해서 아무리 나쁜 짓도 감히 하시는 은혜, 열 번째는 늙어 죽을 때까지 자식을 사랑해주시는 은혜다.

『부모은중경』을 읽으면서 저는 사무치게 울었어요. 이토록 크신 부모의 은혜를 잊고 그리도 오랜 세월 아버지에 대한 증오를 마음속에 담고 살았다니. 회한의 눈물이 강을 이뤘어요. 언젠가 스승인 용타 큰스님께서 인도하는 동사섭이라는 영성수련장에서 큰스님이 해주신 말씀이 떠올랐어요. "감사하면 감사할 일이 늘 생기고, 저주하면 저주할 일이 많이 생긴다."

정말 그래요. 부모를 미워하면 그 미워하는 마음이 곧바로 나에게 와요. 그게 바로 동기 상호법칙이에요. 학생이 아버지에 대해 원망을 품고 있다는 것은 결국 나 자신에게 원망을 품고 있는 것과 같아요. 부모님의 DNA가 곧 나의 DNA이잖아요. 햇빛, 공기, 물 등 흔한 것일수록 우리는 귀한 줄을 몰라요. 부모님 은혜도 그래요. 부모님께서 끝없이 사랑해주시니까 부모님의 은혜를 못 느끼며 사는 거예요.

결국은 용서와 화해가 답이에요. 나를 용서하고 부모를 용서하고, 나와 화해하고 부모와 화해하는 길밖에 없어요. 저는 내 안의 나에게 먼저 사과했어요. 몇십 년 동안 스스로를 괴롭혀온 내 안의 나에게 먼저 용서를 구했어요. 그리고 그 마음이 식기 전에 바로 아버지를 찾아갔어요.

저는 아버지에게 이렇게 말했어요. "아버지, 그때 저를 왜 그렇게 때리셨어요?" 하지만 아버지는 정작 그 일을 하나도 기억하지 못하고 있었어요. 잘못을 비는 저에게 아버지는 오히려 "그런 일도 다 있었냐?" 하면서 쓸쓸한 웃음을 지었죠. 그런 아버지를 여태껏 미워하며 살았다고 생각하니까 연민의 눈물이 주룩 흘러내렸고요. 저는 아버지에게 참회의 절을 올린 뒤 아버지를 꼭 끌어안았어요. 아버지의 눈가에도 눈물이 맺혔어요.

용서하고 사과하면 화해는 저절로 이루어져요. 날이 밝으면 어둠이

마음은   강물이 되어 흘러간다

저절로 물러가는 것처럼, 그동안 아버지와 나 사이를 가로막고 있던 커다란 장벽이 한순간에 사라졌죠. 어쩌면 그 장벽은 저 혼자 쌓았다 저 혼자 무너뜨린 것인지도 몰라요. 아버지는 저에게 한 번도 장벽을 쌓지 않았으니까요. 저 혼자 분노의 장벽을 쌓고 아버지를 미워하고 증오했던 거니까요.

우리 모두에게는 부모가 있어요. 부모 없이 태어난 사람은 하나도 없어요. 한 번 부모는 영원한 부모예요. 아무리 성인이 되어도 부모 앞에만 서면 우리는 어린아이가 돼요. 여든 살 먹은 아버지가 예순 살 먹은 아들이 외출하려고 문을 열고 나가면 "아가. 차 조심해라"고 한다지 않아요. 그게 부모 마음이에요.

사람의 관계는 무척 다양해요. 겉으로 보기에는 다 행복하고 조화롭게 사는 것 같지만, 실제로 들여다보면 대부분 문제를 안고 살아가고 있어요. 하지만 그 누구의 책임도 아니에요. 그게 인간관계니까요. 부모와 자식의 관계는 더 그래요. 이 세상에서 가장 가까운 사이이면서도 한번 원수가 되면 가장 큰 원수 사이가 될 수 있는 게 부모 자식의 관계예요.

하지만 아무리 미운 부모라도 우리는 평생 부모를 가슴 안에 품고 살아요. 부모가 죽어서 이 세상에 없어도 마찬가지예요. 내가 죽기 전까지 부모는 내 안에서 나와 함께 평생 동안 살아가고 있는 거예요. 부모도 마찬가지예요. 부모가 죽기 전까지 나도 부모 마음속에서 평생 함께 살아가고 있는 거예요.

부모 자식 간에 바람직한 관계를 맺기 위해선 서로가 서로를 분리해야 돼요. 그것을 초연(超然)이라고 해요. 부모의 삶은 부모의 삶이고 내 삶은 내 삶이에요. 부모의 길은 부모의 길이고 나의 길은 나의 길이에요. 부모는 부모의 길을 가면 되고 나는 나의 길을 가면 돼요. 더 이상 어머니 아버지의 잣대로 살 필요 없어요. 나는 나의 잣대로 살면 돼요.

부모와 나를 분리하기 위해 손쉽게 사용할 수 있는 도구는 '부모님에게 편지 쓰기'예요. 심리치료에서 많이 사용하는 기법이죠. 먼저 부모님에 대한 나의 정서에 귀를 기울여보세요.

'부모님에게 나는 어떤 존재인가?'

'무엇을 원하는가?'

'무엇이 필요한가?'

'진정으로 내가 하고 싶은 일은 무엇인가?'

이렇게 내 마음의 정서를 확인한 뒤 이번에는 부모님의 정서에 귀를 기울여보세요.

'부모님에게 나라는 존재는 어떤 것인가?'

'부모님은 나에게 무엇을 원하는가?'

'부모님은 나에게 무엇을 필요로 하는가?'

'부모님이 진정으로 나에게 원하는 것은 무엇인가?'

이렇게 부모님의 정서를 확인한 뒤 나의 정서를 솔직히 담아 편지를 쓰는 거예요. 이때 어머니와 아버지에게 따로따로 편지를 쓰는 게 좋아요. 그래야 깊은 교류가 이루어질 수 있거든요. 예를 들어 '아버지, 저는 아버지를 무척 사랑해요. 그런데 지금 아버지와 어머니가 싸우는 모습이 저에게 얼마나 큰 상처를 주고 있는지 몰라요. 저는 아버지와 함께 야구장에도 가고 싶고 극장에도 가고 싶어요. 아버지, 이제부터 제가 공부 못한다고 야단치기 전에 저와 함께 놀아줄 순 없나요. 제 마음에 조금만 더 관심을 가져줄 순 없나요' 하는 식으로 현재 학생의 마음 상태와 감정을 솔직하게 털어놓는 거예요. 엄마에게도 마찬가지예요. 엄마에게 엄마에 대한 학생의 현재 마음 상태와 감정을 솔직하게 털어놓은 뒤 이해를 구하는 거예요.

말보다 편지 쓰기가 좋은 이유가 있죠. 말에는 자칫하면 감정이 섞여들 수 있지만 편지는 차분한 마음으로 나 자신과 어머니 아버지를 관조하며 쓸 수 있어요. 말은 감정 조절이 잘 안 될 수도 있지만 편지를 쓰면 자신의 감정과 내면을 객관적으로 들여다볼 수 있거든요. 또한 전달받는 부모도 학생의 마음 상태를 지나가는 말로 귀 흘려듣지 않고 차분한 마음으로 깊이 받아들일 수 있고요.

그래도 문제가 해결되지 않으면 저를 찾아오거나, 가까운 곳에 있는 '건강가정지원센터' 혹은 여성가족부에서 운영하는 '청소년상담센터'에 찾아가 보세요. 모두 무료로 상담해주는 곳이니까, 그곳에 찾아가 심리 상담을 받고 도움을 청하는 것도 좋아요. 소크라테스가 해준 다음 말을 마음속 깊이 새기는 것으로 우리 대화를 끝내기로 해요.

"자기 부모를 섬길 줄 모르는 사람과는 벗하지 마라. 왜냐하면 그는 인간의 첫걸음을 벗어났기 때문이다."

게임이 좋은데
부모님이 못하게 해요

———

아무래도 제가 게임을 너무 많이 하는 것 같아요.
학원 가는 것 빼곤 별로 할 일이 없으니까 그럴 때면 컴퓨터
게임을 하고 있어요. 중독은 아닌 것 같은데
하도 제가 컴퓨터를 놓지 못하니까
부모님이 컴퓨터를 거실로 내놨거든요.
그래도 부모님이 없을 때면 항상 컴퓨터를 켜고 살아요.
그러다가 한번은 부모님하고 싸웠어요. 게임을 하지 말라고
막무가내로 말하니까 화가 나서 저도 모르게 욕이 나왔나 봐요.
그랬더니 이제는 컴퓨터 선을 다 잘라버린 거예요.
제가 욕한 거랑 게임하는 거랑 무슨 상관이에요?
저는 게임을 하면 기분이 좋아지거든요. 공부가 무슨 재미가
있어요. 게임이 재미있지. 그 뒤로는 핑계를 대고 밖에 나가
PC방에 가요. PC방이 오히려 마음이 편해요.
부모님은 아마 제가 PC방 다니는 줄은 꿈에도 모를 거예요.
저도 어느 정도 자제할 줄은 안다고 생각하는데 부모님이
너무 극성인 것 같아요. 가만히 놔두면 알아서 할 텐데 말이에요.

**삶을 어떤 것으로 채울지는
우리 자신에게 달려 있어요.**

"해답은 우리 안에 반드시 존재한다." 『성공의 법칙』으로 유명한 미국의 심리학자 맥스웰 몰츠가 한 말이에요. 또 미국의 유명한 철학자이자 시인인 랄프 왈도 에머슨은 이렇게 말했죠. "사람이 사람다울 수 있는 힘은 그의 의지에 달려 있는 것이지 재능이나 이해력에 달려 있는 것이 아니다. 아무리 재능이 많고 이해력이 풍부하더라도 실천력이 없으면 아무 일도 할 수 없기 때문이다. 의지력이 운명을 결정한다."

학생은 어쩌면 마음속으로 이미 자신이 어떻게 해야 할지 그 해답을 찾아놓고 있는지도 몰라요. 자신의 문제점이 무엇인지도 잘 알고 있을 거예요. 다만 그 해답이 두려워서, 아니면 무서워서 용기를 못 내고 있을 뿐이에요. 하지만 에머슨의 말처럼 '실천력'과 '의지력'이 없으면 운명을 개척할 수 없어요.

게임 중독인지 아닌지를 떠나, 가장 먼저 필요한 것은 '바른 가치관 정립'이에요. 삶에 대한 바른 가치관 정립이 되어 있지 않으면 삶의 목표를 정하지 못한 채 자신도 모르게 스스로 컴퓨터 게임이나 그 밖의 일로 관심을 기울이게 되거든요.

인간에게 공통적으로 세 가지 기본 번뇌가 있어요. 탐욕과 분노와 어리석음이에요. 그 가운데 가장 큰 번뇌는 탐욕이에요. 탐욕은 게임이나 도박이나 돈이나 명예 등 눈으로 보고 귀로 듣고 손으로 만져지는 모든 정보에 대해 '조금만 더, 조금만 더' 하면서 갈망하게 되는 마음의 충동에너지예요. 그리고 그 충동에너지(욕구)가 채워지지 않으면 나오는 것이 화(분노)이고, 그것을 알아차리지 못하는 것이 어리석음이에요.

그런 점에서 게임 중독도 도박 중독이나 마약 중독, 알코올 중독처럼 탐욕에 속해요. 그 쾌감과 욕구가 강하다 보니 자신이 먼저 해야 할 일은 제쳐둔 채 '조금만 더, 조금만 더' 하게 되죠. 그러다 그 욕구와 쾌감이 방해를 받으면 분노하고, 나중에는 싸움으로까지 발전하는 거예요.

부모님이 집에서 컴퓨터 게임을 못하게 하니까 핑계를 대고 밖에 나가 PC방에 가서 몰래 게임을 하는 것처럼 인간의 마음은 좀 더 새로운 자극을 얻기 위해 끊임없이 부정적인 방향으로 생각을 몰고 가도록 구조화되어 있어요. 그래서 바른 가치관 정립과 수행이 필요한 거죠.

중독은 대부분 마음의 상처에서 비롯돼요. 어려서부터 부모, 혹은 주변 환경으로 인해 입은 상처를 치유하지 않고 살다 보면 어린 나이 때부터 컴퓨터 게임이나 스마트폰 중독에 노출되기 시작하다가 성장해서는 좀 더 자극이 강한 것을 찾기 위해 도박 중독이나 알코올 중독, 마약 중독 등 반(反)사회적인 중독에 빠져들 수 있어요.

컴퓨터 게임이나 스마트폰 중독에 빠져 있는 학생들을 만나보면 대부분 억압되어 있고 내면이 공허하다는 사실을 발견할 수 있어요. 내면에 스트레스가 꽉 차 있다 보니까 무엇인가 분출구를 찾게 되고, 또한 내면이 불안하고 약하고 공허하다 보니까 무엇인가 꽉 붙들고 의존하고 싶은 것을 찾는 거죠. 그중에서도 가장 큰 원인은 부모님과의 관계예요. 부모님들은 억울하게 생각할지 몰라도 아이들이 잘못 자라는 것은 100퍼센트 부모 책임이라는 게 제 지론이에요. 부모와의 관계에 있어서 무엇인가 충족되지 않은 것이 있으니까 아이들이 외부 세계에서 대체물을 찾고, 그것이 술이나 담배, 비행, 게임 중독으로 나타나는 거예요. 그렇다고 부모님만 탓할 수는 없어요. 자신의 내면에서 나오는 소리를 듣지 못하고 대체물과 자극을 찾아 밖으로 뛰쳐나오는 우리들에게도 큰 문제가 있는 것은 마찬가지이니까.

중독에서 벗어나려면 먼저 자신의 정체성을 뿌리내리도록 해야 해요. '자신이 누구인가?' '자신이 무엇인가?' '진정한 나는 누구인가?' '진정한 나는 무엇인가?' 하는 질문에 대한 확고한 답을 가지고 있어야 해요. 그것이 내 삶의 기초이자 토대예요.

'나 묘사하기' 훈련은 자신의 정체성을 찾아나가는 데 효과적인 심리

치료요법이에요. 내 마음에 쏙 드는 조그만 노트를 마련한 뒤 맨 첫
장에 '나는 누구인가?' '나는 무엇인가?' '진정한 나는 누구인가?' '진
정한 나는 무엇인가?'라고 쓴 뒤 다음 장부터 나에 대한 묘사를 적
어보세요. 그리고 정사유(正思惟)하는 거죠. 그러다 보면 어느 순간
에 내 안의 장애물들이 걷히면서 '진정한 나' '이 세상에서 가장 소중
하고 존귀한 나'를 발견할 수 있을 거예요. 그게 바로 진짜 '나'예요.
이름도, 역할도, 몸도, 마음도 아닌 허공 같은, 순수한 어린아이 같
은 나, 무어라 이름 붙일 수 없는 오로지 나인 '나'가 빙그레 웃고 있
을 거예요.

사실은 부처님 시대에도 게임 중독에 걸린 사람들이 많았던가 봐요.
당시에는 컴퓨터가 없었으니까 도박이 게임이나 마찬가지였어요.
그런데 『증아함경』이라는 부처님 책을 보면 부처님은 도박 중독에
걸린 사람은 절대로 부자가 될 수 없다며, '부자가 되기 위해 꼭 버
려야 할 여섯 가지' 항목을 말씀하고 계세요.

첫째, 갖가지 도박으로 부자가 되려는 꿈이에요. 둘째, 나쁜 벗을
가까이해 그와 함께 남을 속여 부자가 되려는 것이에요. 셋째, 술
을 방탕하게 마시고 여자를 가까이해 재물을 얻으려는 것이에요. 넷
째, 노력도 하지 않고 일확천금을 얻으려는 것이에요. 다섯째, 일도
하지 않고 게으르면서 재물을 구하려는 것이에요. 여섯째, 항상 놀
기를 좋아하고 풍류를 즐기면서 부자가 되려는 것이에요.

그중에서도 도박을 즐기는 사람에게는 또 다음과 같은 여섯 가지 재난이 반드시 뒤따른다고 말씀하고 계세요. 첫째, 이기더라도 미움을 사고, 둘째, 지게 되면 슬픔과 부끄러움에 빠지며, 셋째, 잠이 편안하지 못하고, 넷째, 재산을 다 잃어버리며, 다섯째, 가족에게 걱정을 끼치고, 여섯째, 법에 호소해도 신용이 없기 때문에 믿어주지 않는다는 거예요.

게임 중독도 마찬가지예요. 부모님이나 어른들이 게임을 못하게 하니 원한이 생기고, 친구들보다 성적이 뒤지니까 부끄러움이 생기고, 게임 생각 때문에 편안하게 잠을 못 자고, 부모님들이 걱정하고, 게임에만 빠져 있으니 친구들은 물론 부모님과 선생님들에게 신뢰를 잃게 되는 거예요.

게임 중독에 걸린 사람은 자신이 '게임 중독자'라는 사실을 인정하기가 매우 힘들어요. 바둑이나 장기를 둘 때 수가 낮아도 옆에서 훈수 두는 사람이 판을 훨씬 더 잘 보듯이, 학생의 부모님처럼 객관적으로 외부에서 보고 판단하는 게 훨씬 더 정확할 수 있어요.

자가진단을 할 수도 있어요. 게임 중독치료센터에서 게임 중독자들을 위해 내놓은 '게임 중독 자가진단 테스트'를 통해 자신이 지금 게임에 얼마나 빠져 있는지를 알아볼 수 있어요. 같이 해볼까요? 다음 표를 보고 각 항목마다 학생 스스로 점수를 매기면 돼요. '상관없다'면 1점, '드물지만 있다'면 2점, '가끔 있다'면 3점, '자주 있다'면 4점,

'항상 있다'면 5점을 매기세요.

1. 생각보다 더 오랫동안 게임을 한 적이 있다.(　점)
2. 게임 때문에 주변 일을 소홀히 한 적이 있다.(　점)
3. 친구와의 관계보다 게임을 선택한 적이 있다.(　점)
4. 게임에서 친구를 만들어본 적이 있다.(　점)
5. 게임 때문에 주위 사람들과 싸운 적이 있다.(　점)
6. 게임 때문에 성적 하락 등의 결과가 있었던 적이 있다.(　점)
7. 할 일을 먼저 하기 전에 게임을 우선시한 적이 있다.(　점)
8. 게임 때문에 수업에 지각이나 결석을 한 적이 있다.(　점)
9. 누군가에게 게임을 얼마나 했느냐는 질문을 받았을 때
   거짓말을 한 적이 있다.(　점)
10. 게임 때문에 겪는 일상생활에서의 어려움을
    생각해본 적이 있다. (　점)
11. 게임을 종료한 뒤 다시 접속할 때까지
    게임을 하고 싶다고 생각해본 적이 있다. (　점)
12. 게임 없는 현실은 끔찍하다고 생각해본 적이 있다.(　점)
13. 게임에 방해를 받았을 때 화를 내거나
    폭력적인 행동을 나타낸 적이 있다. (　점)

14. 밤새워 게임을 하느라고 잠을 못 잔 적이 있다. (점)

15. 게임을 안 할 때도 게임 생각으로
    현실에 집중을 못한 적이 있다. (점)

16. 게임 접속 시 '조금만 더' 한다고 이야기한 적이 있다.(점)

17. 게임을 줄이려고 했지만 실패한 적이 있다.(점)

18. 게임 접속 시간을 숨기려 한 적이 있다.(점)

19. 타인과의 접촉보다 게임이 더 좋은 적이 있다.(점)

20. 오프라인 생활보다 온라인 생활이 더 즐겁고
    활기찬 적이 있다.(점)

- -

＊합계 : (점)

합계가 몇 점이나 되나요? 20~39점 사이라면 일반적인 게이머로, 게임을 필요 이상으로 할 수도 있지만 얼마든지 스스로 통제할 수 있는 수준이에요. 하지만 40~69점 사이면 게임이 이미 실제 생활에 영향을 미칠 수 있고, 70점 이상이면 심각한 게임 중독 상태로, 반드시 치료가 필요한 상황이에요. 그 정도 점수가 나왔다면 이미 스스로 게임하는 시간을 조절할 수 있는 범위를 벗어난 거예요.
게임 중독에 걸린 사람들의 특징이 있어요. 게임을 완강히 부정하거나 축소하고, 떠넘기고, 핑계를 대고, 자기합리화를 하고, 다른 사람들에게 강한 공격성을 드러내요. 그 사람이 나쁜 사람이어서가 아니에요. 게임 중독이 자신도 모르게 스스로의 정신과 심리를 그렇게 만든 거예요. 게임 중독이 무서운 건 그 때문이에요.

대부분의 게임은 자극적이고 폭력적이며 선정적이죠. 또 게임을 많이 할수록 분노 조절 능력이 떨어지고, 화를 잘 내며, 참을성도 줄어들어요. 게임 중독에 걸려 사회적으로 커다란 문제를 일으키거나 비참하게 생을 마친 사람들에 관한 뉴스를 많이 보고 들었을 거예요. 청소년 게임 중독이 또 하나 무서운 건, 어른이 되면 그것이 컴퓨터 도박 중독으로 발전하기 쉽다는 거예요. 하는 방법도 비슷한 데다, 사이버 공간에서 느끼는 쾌감이나 쾌락도 아주 비슷하기 때문이에요. 특히 게임 중독으로 인한 내성 증가와 강박적 집착 및 의존성이 커져 점점 더 강한 쾌감을 좇다 보면 자신도 모르는 사이에 더 큰 쾌감과 쾌락을 주는 도박 중독으로 발전할 가능성이 매우 높아요.

무엇이든 적당히 하면 약이 되고 과하면 독이 돼요. 과다한 게임 역시 병이에요. 병에 걸렸다면 치료하는 것이 당연하겠죠? 그러기 위해선 먼저 자신이 '게임 중독자'라는 사실을 받아들여야 해요. 치료는 '자신이 게임에 무력했으며 스스로 생활을 처리할 수 없게 되었다는 것을 깨닫고 시인'하는 데서부터 시작하거든요.

어떤 학생들은 호기심 때문에 게임을 시작해요. 하지만 호기심과 중독은 완전히 달라요. 호기심은 단순히 '새롭고 신기한 것을 좋아하거나 모르는 것을 알고 싶어 하는 마음'인 데 반해 중독은 '현재의 마음 상태가 멈추지 않고 어제부터 내일까지 계속 진행되는 상태'예요. 어제의 즐거웠던 마음, 그 쾌감을 잊지 못하고 오늘도 계속해서 즐기려는 거예요.

자신에 대한 바른 정체성과 바른 가치관 정립이 필요한 건 그 때문이에요. 그러기 위해선 우선 '나는 무엇이든 하면 된다'는 긍정적인 마음가짐을 갖는 것이 중요해요. 긍정적인 마음 상태는 자신의 시야를 넓혀주거든요. 그럴 때 사람들은 더 큰 행복과 안도감을 느끼는 것은 물론, 게임에서는 경험하지 못한 더 큰 즐거움을 맛볼 수 있어요. 게임을 하고 싶은 충동이 일어날 때마다 운동을 하거나, 노래를 부르거나, 재미있는 책을 읽거나, 주말이면 절이나 교회에 가서 종교 활동을 하는 것도 긍정적인 마음가짐을 배양하는 데 아주 좋아요.

인생은 마라톤이에요. 삶의 모든 순간이 기회이자 축복임을 잊지 마세요. 그 '기회와 축복'을 '게임'으로 날려 보내고 싶진 않겠죠?

집에 가면
늘 혼자라서 싫어요

———

이번에 중학교에 올라갑니다. 요새는 맞벌이 가정이 많잖아요.
저희 부모님도 맞벌이세요. 언제나 아침 일찍 나가셔서
저녁 늦게야 들어오세요. 그러다 보니 집에 늘 저 혼자 있어요.
처음에는 청소도 하고 설거지도 하고 나름대로 부모님을 위해
뭔가를 해보겠다는 마음이 있었어요.
근데 요새는 너무 외로워서 아무것도 하기 싫어요.
집이 텅 비어 있으면 왠지 제 맘도 텅 비어버리는 것 같아요.
동생이라도 있으면 좋을 텐데, 외동이라 더 외로워요.
집이 너무 휑하니까 고양이나 강아지 같은 걸 기르고 싶어서
부모님한테 말씀드려봤는데 절대 안 된다는 거예요.
제가 혼자 있어서 외로운 건 생각지도 않고
무조건 반대하니까 너무 화가 났어요. 집에 동물이 있으면
귀찮다고 생각하고 제 생각은 조금도 안 하는 거잖아요.
부모님은 제가 학교에서 집으로 왔을 때
혼자 문 여는 기분이 어떤 건지 전혀 모를 거예요.

이 세상의 눈물은 양이 정해져 있어요.
우리의 아픔도 마찬가지랍니다.

'군중 속의 고독'이라는 말이 있어요. 미국의 유명한 사회학자인 데이비드 리스먼이 1950년에 출간한 『고독한 군중』에 나오는 말이에요. 이 책은 출간되자마자 전통과 인간의 내면적 가치가 소멸된 채 고도의 물질문명과 개인주의로 치닫는 미국인과 미국 사회에 엄청난 반향을 불러일으켰어요. 그게 바로 자신들의 자화상이었기 때문이죠.

아일랜드 출신 프랑스 작가 사무엘 베케트의 대표작으로 1969년 노벨문학상을 수상한 『고도를 기다리며』 역시 아무리 기다려도 오지 않는 고도(Godot)를 이야기하며 끝없는 기다림 속에 나타난 인간 존재의 부조리성을 고발하고 있어요. 개인과 개인으로 핵분열된 수많은 군중 속에서 내 삶은 더욱 고독해질 수밖에 없는 게 현대사회의 특징이죠.

그러다 보니 아무리 기다려도 오지 않는 '고도'를 기다리며 우리는 더욱 고독해질 수밖에 없는 거예요. 여기서 '고도'는 '사랑'이 될 수도 있고, '행복'이 될 수도 있고, '희망'이 될 수도 있어요.

어쩌면 학생의 부모님 또한 학생처럼 '고독한 군중'일지 몰라요. 틀림없이 '군중 속의 고독'을 느끼며 살고 있을 거예요. 생각해봐요. 아침 일찍부터 저녁 늦게까지 직장에 나가 일하고, 돌아와선 잠만 잔 채 이튿날 아침 또다시 새벽같이 출근하고 다시 밤늦게 퇴근하죠. 이런 쳇바퀴 같은 생활 속에서 학생의 부모님 또한 학생 못지않게 고립감을 느끼며 살고 있을 거예요.

삶에 가정법은 없어요. 그러나 가정법이 없다면 인생은 참으로 건조하고 황폐할 거예요. 다음 시를 읽어볼까요? 미국 켄터키 주에 살던 나딘 스테어가 여든다섯 살에 죽기 전에 쓴 '내가 다시 인생을 산다면'이라는 시 중 일부예요.

내가 인생을 다시 산다면
다음번에는 더 많은 실수를 저지르고
긴장을 풀고 몸을 부드럽게 하리라
지난번 살았던 인생보다 좀 더 우둔해지며
가능한 한 심각해지지 않고
더욱 즐거운 기회를 붙잡으리라
여행도 더 자주 다니고
혼자서 석양을 더 오래도록 바라보리라
산에도 더 자주 가고

강에서 수영도 해야지
아이스크림도 많이 먹고
먹고 싶은 것은 참지 않고 먹으리라

그리고 이루어지지도 않는 과거와 미래의
상상 속 고통은 가능한 한 피하리라

비록 시인은 가정법을 전제조건으로 내걸고 있지만, 그래도 시를 읽으면 우리의 마음이 편안해지죠. 내 삶은 얼마든지 내가 개척해갈 수 있다고 이야기해주니까요. 시인이 이야기한 것처럼, 삶은 스스로 개척하면서 살아야 해요. 엄마 아빠의 삶은 엄마 아빠의 삶이고 내 삶은 내 삶이거든요.

학생의 부모님은 지금 생존경쟁이라는 사나운 파도와 천둥번개가 몰아치는 바다에서 학생이라는 보물을 지키기 위해 사투를 벌이고 있어요. 그 덕분에 학생은 지금 인생이라는 너른 바다를 순조롭게 항해하고 있는 거고요. 무한생존경쟁이라는 굴레에 갇혀 엄마 아빠는 학생을 제대로 돌봐주지 못하고 있고요. 엄마 아빠도 마음속으론 학생에게 미안해하고 있을 거고요.

기다려도 오지 않는 부모님 대신에 앞서 본 시에서처럼 몸의 긴장을 풀고 혼자서 오래도록 석양을 바라보면 어떨까요? 산에도 가고 강에도 가고 아이스크림도 사 먹고 그러다 지치면 집안 청소도 하고 숙제도 하고 하다 만 공부도 하면 어떨까요? 혼자 있는 시간이 더 행복하고 가슴 뛰는 시간이 될지도 몰라요.

엄마 아빠를 기다리는 시간을 '나를 찾는 마음의 여행 시간'으로 바꾸면 더욱 좋을 거예요. 앞으로 수많은 사건과 수많은 순간으로 점철될 인생을 위해, 의미 있고 중요한 순간순간에 깨어 있기 연습을 미리 해두는 거예요. 실수와 실패를 두려워하지 않고 아무리 힘든 상황도 돌파할 수 있는 미지의 힘을 기르는 거예요.

그러기 위해선 엄마 아빠의 현 상황을 받아들이는 것이 필요해요. 받아들임이야말로 나의 참된 자유를 찾으러가는 첫 번째 항구이기 때문이에요. 엄마 아빠에 대한 '감사 노트'를 쓰면 엄마 아빠를 훨씬 더 쉽게 받아들일 수 있어요. 생각이 아니라 노트에 직접 글씨로 엄마 아빠에 대한 감사거리를 적어보는 거예요.

예를 들어 '엄마 아빠가 나를 낳아줘서 감사하다' '엄마 아빠가 나를 키워줘서 감사하다' '엄마 아빠가 살아계셔서 정말 감사하다' '엄마 아빠 덕분에 내가 학교에 다닐 수 있어서 감사하다' '엄마 아빠 덕분에 가족이 살 집이 있어서 감사하다' '엄마 아빠가 내게 컴퓨터를 사줘서 감사하다' 하는 식으로 엄마 아빠에 대해 감사한 것을 하나하나 떠올리며 노트에 적는 거예요. 그러다 보면 어느 순간 눈물이 핑

돌지도 몰라요.

신기한 것은 부모님에 대한 '감사 노트'를 쓰다 보면 부모님이 그대로 있어도 내가 변한다는 거예요. 마음이 평화로워지고, 자유로워지고, 텅 빈 마음에 에너지가 돌고, 하는 일이 재미있고, 텅 빈 집에 돌아와도 할 일이 아주 많아져요.

다행히 학생은 심성이 아주 착해요. 아침 일찍 나갔다가 밤늦게 들어오시는 부모님을 위해 한땐 청소도 하고 설거지도 하고 그랬잖아요. 부모님에 대한 '감사 노트'를 쓰다 보면 이젠 하지 말라고 해도 다시 그렇게 하게 될 거예요. 앞서 말한 『고도를 기다리며』에 보면 이런 대사가 나와요.

"이 세상의 눈물의 양은 정해져 있지. 누군가 울기 시작하면 다른 누군가는 울음을 멈추겠지. 웃음도 마찬가지야."

그래요. 이 세상의 눈물은 양이 정해져 있어요. 자신의 아픔도 양이 정해져 있어요. 내가 아픈 만큼 다른 사람이 편안하고, 다른 사람이 편안한 만큼 내가 아파요. 반대로 내가 편안한 만큼 다른 사람이 아프고, 다른 사람이 아픈 만큼 내가 편해요. 학생도 자신이 아픈 만큼 엄마 아빠가 편안하게 사신다는 마음으로 지금 현재의 상황을 있는 그대로 받아들이고 나아가세요. 그러면 머잖아 '군중 속의 고독'에서 벗어나 진정한 평화와 행복을 찾을 수 있을 거예요.

엄마는 죽었다 깨어나도
제 마음을 모를 거예요

———

친아빠가 일찍 돌아가셔서 엄마가 재혼을 했어요.

지금 새아빠랑 같이 산 지 3년 정도 되어갑니다.

그때는 제가 초등학교에 다니던 때라 아무 생각도 없었어요.

그냥 엄마가 재혼한다니까 그런가 보다 싶었어요.

그런데 조금 살아보니까 새아빠가 정말 싫어지더라고요.

엄마하고 새아빠 사이에 태어난 동생이 있는데,

새아빠가 동생을 끔찍하게 위하는 게 보여요.

하지만 저한테는 유독 소리를 지르고 구박을 해요.

그때마다 남의 자식 대하듯 한다는 것이 확실하게 느껴져요.

만일 제가 새아빠의 친아들이라도 이렇게까지

욕하고 혼낼까 싶은 생각이 들어요.

엄마한테 새아빠가 싫다고 몇 번이나 말해보았는데

엄마는 들은 척도 하지 않아요.

제가 사춘기라 그런가 보다 하고 그냥 넘기시는 것 같아요.

저는 엄마가 걱정해주는 모습이라도 기대했는데,

엄마는 전혀 저를 이해하려고 노력하지 않는 것 같아요.

인생의 의무는 단 하나,
행복이에요.

똑같은 입장에 처해보지 않으면 학생의 마음을 이해하지 못할 거예요. 저에게 가끔 찾아오는 형준이라는 중학생도 학생과 비슷한 아픔을 갖고 있어요. 처음엔 학생처럼 힘들어했는데 지금은 행복하게 학교생활도 잘하고 가족과도 잘 어울리고 있어요. 형준이가 처음 찾아왔을 때, 제가 들려준 이야기가 있어요.

저와 가깝게 지내는 사람 가운데 김정선 회장이라는 분이 있어요. 젊었을 때 고급 인테리어 사업에 뛰어들어 지금은 우리나라 최고의 인테리어 회사를 운영하고 있죠. 국내 유수 기업의 회장 자택 인테리어는 대부분 김정선 회장의 손을 거쳤어요. 어느 날 김정선 회장에게 그 비결을 물었어요. 김정선 회장이 만면에 미소를 띠며 들려준 사연이 저의 가슴을 울렸어요.

김정선 회장이 중학교 1학년 때의 일이에요. 김정선 회장의 아버지는 가족에게는 물론 동네에서도 무섭고 엄하기로 소문난 분이었어요. 집안일을 하다가도, 공부를 하다가도, 아버지 기침소리가 들리기만 하면 어머니를 비롯한 다섯 남매가 저절로 오금을 저릴 정도였어요. 아버지의 말 한마디가 그대로 법이었고, 동네 사람들 역시 그런 김정선 회장의 아버지가 무섭고 어려워서 아무도 가까이하려는 사람이 없었어요.

다섯 남매 중 둘째였던 김정선 회장이 중학교에 들어간 뒤였어요. 하루는 학교에서 돌아온 김정선 회장이 평소 아버지께서 하신 말씀을 곰곰이 되새겨보니, 하시는 말씀마다 다 맞는 말씀만 하셨더라는 거예요. 생각이 거기 미치자 김정선 회장은 그날부터 아버지께서 무슨 말씀을 하시든 무조건 "예" 하고 아버지 말씀대로 다 했다고 해요. 실제로 아버지 말씀대로 행동하고 실천하다 보니 하는 일마다 잘되고 성적도 좋아지고, 학교 갔다 돌아와도 아버지가 전혀 무섭게 느껴지지 않았다고 해요.

그렇게 몇 달이 흘렀는데 평소 무뚝뚝하기만 하던 아버지께서 김정선 회장에게 읍내 오일장에 가자고 하시더래요. 김정선 회장은 즐겁게 아버지를 따라 나섰죠. 김정선 회장을 장에 데리고 간 아버지는 곧장 옷가게에 들어가더니 갑자기 김정선 회장에게 옷을 한 벌 고르라고 하시더래요. 해가 서

쪽에서 뜰 일이었죠. 무뚝뚝하고 엄하기만 했던 아버지께서 둘째 아들만 장에 데려와 옷을 사주겠다고 하니 김정선 회장 자신도 놀랄 일이었다고 해요. 그런데 이어지는 아들의 대꾸가 걸작이에요.

옷 한 벌 사주겠다며 옷을 고르라는 아버지께 김정선 회장이 불쑥 말했어요. "아버지, 저는 새 옷이 필요 없으니 셋째 동생 옷을 사주세요"라고. 그러자 아버지께서 김정선 회장을 빤히 바라보며 "이놈아, 네가 예뻐서 네 옷 한 벌 사주려고 일부러 장에 왔어. 두말 말고 네 옷이나 골라" 하시더래요. 그래도 김정선 회장은 자기 옷은 필요 없다며 셋째 동생 옷을 사주라고 우겼대요. 김정선 회장은 결국 자신의 옷도 못 사고 셋째 동생의 옷도 못 산 채 저녁 때 아버지와 함께 집으로 돌아왔다고 해요.

그날 밤이었어요. 그때만 해도 다들 사는 것이 어려워 방 한 칸에서 온 가족이 함께 생활을 했죠. 밤이 깊자 자식들이 다 잠든 줄 알고 부모님이 소곤소곤 말씀을 나누시더래요. 그때까지 잠들지 못했던 김정선 회장은 눈을 감고 자는 시늉을 하고 있었죠.

"여보, 우리 둘째가 참 보통 놈이 아니야. 오늘 내가 둘째 놈 옷 한 벌 사주려고 장에 데리고 갔는데 제 옷은 사기 싫다며 기어코 셋째 동생 옷을 사주라는 거야."

"아니, 둘째가 그런 말을 해요? 어린 것이 어찌 그리 대견스런 말을 다 했을까요?"

"글쎄 말이야. 둘째 녀석 속이 참 깊은 것 같아."

그 뒤로 김정선 회장은 아버지와 통하는 창구가 되었어요. 어머니도 아버지에게 하고 싶은 말이 있거나 부탁할 일이 있으면 김정선 회장을 통해서 하고, 형과 동생들도 아버지에게 할 말이 있으면 김정선 회장을 통해서 하게 되었대요. 동네 사람들도 마찬가지고요. 아버지는 김정선 회장이 하는 말이면 팥으로 메주를 쑨다고 해도 그 말을 들어주었대요.

김정선 회장이 사업에 성공한 것도 그때 일이 큰 밑거름이 되었기 때문이라고 해요. 재벌 회장들이 아무리 까다롭게 굴어도 거부하지 않고 그들이 맘에 들어 할 때까지 해달라는 대로 몇 번이고 해주었대요. 그 결과 입소문이 퍼져 대부분의 재벌가 인테리어는 김정선 회장의 손을 거치게 되었고, 지금도 인테리어할 일이 있으면 가장 먼저 김정선 회장을 찾는다는 거예요.

김정선 회장의 가훈과 사훈은 '길'이에요. 모든 인간사, 세상사에는 반드시 '길'이 있다는 거예요. 『손자병법』에 나오는 '36계 줄행랑'도 줄행랑을 치기 전에 서른다섯 가지 방법을 다 해보고 그래도 안 되면 그때 도망가면 된다는 뜻이라는 거죠. 그 말을 하던 김정선 회장이 수첩 맨 앞장을 펴서 보여준 글귀가 다시 한 번 제 가슴을 뭉클하게 했어요. '하면 된다. 안 하면 안 된다.'

형준이에게 해준 이야기는 여기까지예요. 그런데 이야기를 마치는 순간 갑자기 형준이가 "헉!" 하고 울음을 터뜨리는 거예요. 형준이 엄마도 함께 울음을 터뜨렸어요. 제 이야기를 듣는 동안 형준이는 물론 형준이 엄마도 스스로 문제를 깨닫고, 스스로 해결책을 찾은 거예요.

부처님 말씀 가운데 불가이노제노(不可以怒制怒)라는 말이 있어요. 분노로 분노를 제어할 수 없다는 뜻이에요. 화가 나는 순간 우리는 대부분 남 탓을 하기 쉬워요. 그러나 조금만 깊이 생각해보면 자신의 분노가 상대방 때문이 아니라 자기 내부에 숨어 있는 화의 불씨 때문이라는 것을 알 수 있어요.

진정한 나만의 삶을 살기 위해선 새아빠는 물론 엄마와 자신을 분리해야 돼요. 그리고 자신의 가슴에서 울리는 소리를 듣고 가슴의 소리와 함께 호흡해야 해요. 깊은 강은 물결을 안으로 숨기고 흘러가죠. 학생의 깊은 가슴에 드리워진 강에도 그 물결이 숨어서 흐르고 있어요. 그 물결을 찾아 함께 호흡하다 보면 학생의 진정한 삶이 보일 거예요.

억지로 엄마의 소리를 듣고 억지로 엄마와 소통할 필요 없어요. 엄마가 들어오지 않더라도 다만 내 문만 열어두세요. 그런 뒤 엄마를 사랑한다는 진실을 재확립하고 어머니에게 편지 한 통을 쓰세요.

어머니가 잘못했다고 비난하거나 질책하는 편지를 써서는 안 돼요. 가능한 한 자비롭고 사랑스러운 어조로 엄마와 새아빠의 행동과 태도에서 느낀 점을 솔직히 털어놓고 내 마음의 상처를 치유해달라고 부탁하세요.

엄마에게 편지를 쓰는 것만으로도 학생의 마음은 굉장히 편안해지고 따뜻해질 거예요. 편지 쓰기처럼 건전한 화는 오히려 자신의 상처를 치유하는 촉매제가 될 수 있거든요. 물론 상대방을 치유하는 촉매제 역할을 하기도 하고요. 학생이 엄마에게 그런 편지를 쓰면 틀림없이 엄마도 이전과는 다른 어떤 반응을 보일 거예요. 설혹 엄마가 어떤 반응을 보이지 않더라도 상관없어요. 학생의 마음은 편지 쓰기를 통해 이미 치유의 길로 들어섰고, 학생 스스로의 삶을 시작했으니까.

하지만 어떠한 경우라도 엄마 아빠를 벌하는 마음을 먹어서는 안 돼요. 아무리 잘났어도 내 부모고 아무리 못났어도 내 부모예요. 아무리 잘해줘도 내 부모고 아무리 못해줘도 내 부모예요. 그런데도 많은 사람들이 잘못해준 부모에게 복수하기 위해 비행을 저지르고 화를 내고 심지어는 극단적인 선택까지 서슴지 않아요.

문제는 오히려 내 안에 더 많이 들어 있어요. 부모에 대한 따뜻하고 긍정적인 이미지 훈련으로 그 상처를 스스로 치유하는 수밖에 없어요. 예를 들어 엄마나 아빠의 얼굴을 떠올리며 '인자하다, 따뜻하다, 친근하다, 자상하다, 푸근하다, 다정다감하다, 열성적이다, 부지런하다, 잘 믿어준다, 용돈을 잘 준다, 사려 깊다, 지혜롭다, 믿음직하다, 현명하다, 음식을 잘 만든다, 예쁘다' 등등 엄마나 아빠가 가지고 있는 긍정적이고 좋은 점을 '워딩 이미지'화해 노트에 적어보는 거예요.

치유를 위해선 엄마 아빠가 갖고 있는 부정적인 워딩 이미지도 가감 없이 내 밖으로 출력하는 것이 좋아요. 예를 들어 엄마나 아빠를 떠올리며 '차갑다, 무관심하다, 옹졸하다, 인색하다, 편파적이다, 고집이 세다, 독재적이다, 소리를 잘 지른다, 술을 잘 마신다, 부부싸움을 잘한다, 융통성이 없다, 난폭하다, 게으르다, 고지식하다, 꼬치꼬치 캐묻기를 좋아한다, 앞뒤가 꽉 막혔다, 무심하다, 기계적이다, 강압적이다, 권위적이다, 파괴적이다, 변덕스럽다, 신뢰가 없다, 무책임하다, 한숨을 잘 쉰다, 둔하다, 필요 없는 일에 예민하다' 등등 엄마나 아빠가 가지고 있는 부정적이고 나쁜 점을 '워딩 이미지'화해 노트에 적어보는 거예요.

이것을 '건전한 화'라고 해요. 건전한 화는 자신을 해치는 게 아니에요. 오히려 자아감을 회복하는 데 매우 좋은 정서예요. 이렇게 화를 간접적으로, 건강하게 분출함으로써 스스로 나를 이해하고 이해받을 수 있기 때문이죠.

인간은 언젠가 죽게 되어 있어요. 우리가 사랑하는 사람도 언젠가 죽게 되어 있어요. 학생의 엄마와 새아빠도 언젠가는 죽고, 학생도 언젠가는 반드시 죽어요. 죽음 이후를 생각하면 그 무엇도, 그 어떤 것도, 그 어떤 사람도 용서하지 못하고 이해하지 못하고 받아들이지 못할 것이 없어요.

자신의 마음을 바라보세요. 이제부터 자신의 삶을 사세요. 그 어떤 상황에서도 자신을 포기하지 말고 불굴의 의지를 갖고 가슴 뛰는 삶을 사세요.

세상은 넓고 할 일은 많아요. 우물 안에 갇혀 엄마와 새아빠와 다투지 말고 우물 밖으로 나와 기지개를 켜세요. 더 이상 엄마와 새아빠에게 의지하지 말고 홀로 서세요. 그런 자기에게 상도 주고 박수도 쳐주며 기쁘게 해주세요.

그리고 지금 이 순간을 사세요. 어제도 생각하지 말고 내일도 생각하지 말고 오로지 지금 현재만 사세요. 과거로 가면 엄마와 새아빠로 인한 분노와 고통이 생기고, 미래로 가면 암담한 내일과 공허감으로 인해 근심과 걱정이 생겨요. 오직 지금 현재, 이 순간만 생각하며 너그러운 마음으로 엄마와 새아빠를 받아들이고 사랑과 자비의 강물이 되어 흘러가세요.

"구름이나 소나기가 없이는 결코 무지개가 서지 않는다"는 어느 철학자의 말처럼, 지금 학생의 몸과 마음으로 경험하고 있는 구름과 소나기는 먼 훗날 학생에게 걸릴 아름다운 무지개가 될 거예요. 우리 인생의 의무는 단 하나, 행복이랍니다.

만약 모든 고뇌에서 벗어나고자 한다면 만족할 줄 알아라. 넉넉함을 아는 것은 부유하고 즐거우며 평온하다. _『유교경』

술에 취한
아빠가 미워요

평소 아빠는 다정다감하고 저한테 잘해주세요.

가끔 욱할 때도 있긴 하지만 그래도 다른 집 아빠랑

비교해보면 그렇게 권위적이지는 않아요.

웃기도 잘 웃는 편이고요. 그런데 술을 너무 자주 드세요.

문제는 술만 마시면 백팔십도로 돌변해버리는 거예요.

그렇게 술에 취한 날은 어김없이 폭력을 휘둘러요.

집에 들어오면 물건을 부수고 던지고 엄마를 때리기까지 해요.

물리적인 폭력보다 더 심한 건 언어폭력이에요.

엄마한테는 말할 것도 없고,

저한테까지 이 새끼 저 새끼 하면서 심한 욕을 해요.

왜 우리 아빠는 술을 드시는 걸까요?

저는 우리 집이 좀 화목했으면 좋겠는데,

아빠가 그럴 때면 집을 막 뛰쳐나가고 싶고⋯⋯.

어떤 때는 차라리 아빠가 죽어버렸으면 좋겠다는

생각까지 들어요. 어서 독립하고 싶은데,

아직 전 중학생이고 앞이 캄캄하네요.

아빠가 술 못 드시게 하는 방법이 없을까요?

어떨 땐
행동이 답이 되기도 하죠.

저도 젊었을 때 술만 마시면 절제를 못하고 인사불성이 돼 사람들과 싸우고 주정하고 물건을 깨부수며 폭력을 휘둘렀어요. 너무 술을 많이 마시는 바람에 하루걸러 직장에 결근했고, 손도 수시로 떨리고, 새벽이면 악몽에 시달리다 잠을 깨곤 했죠.

제가 술을 끊은 날은 1993년 6월 17일이에요. 술 끊은 날을 아직도 정확히 기억하고 있는 것은 술을 끊기 위해 그날 병원에 입원했기 때문이에요. 생각 이상으로 많은 어려움과 고통이 뒤따랐지만 그때부터 지금까지 20년도 넘게 술을 한 모금도 마시지 않고 건강하게, 누구보다도 열심히 살고 있어요. 어쩌면 학생의 아버지는 젊은 날의 저 못지않게 심각한 알코올 중독자인 것 같아요.

알코올 중독의 역사는 술의 역사만큼이나 깊어요. 분명한 건 부처님 시대에도 알코올 중독자가 있었다는 사실이에요. 사람이 지키고 살아야 할 다섯 가지 기본 생활규범 가운데 살생하지 말라, 도둑질하지 말라, 음행하지 말라, 거짓말하지 말라고 하시고, 이어서 다섯 번째로 술을 마시지 말라고 말씀하셨거든요. 부처님께서는 또 술에는 열 가지 잘못이 따른다고 했어요.

첫째, 얼굴빛이 나빠진다. 둘째, 비열해진다. 셋째, 눈이 어두워진다. 넷째, 성내게 된다. 다섯째, 일과 살림살이를 파괴한다. 여섯째, 병이 생긴다. 일곱째, 다툼이 많아진다. 여덟째, 나쁜 소문이 퍼진다. 아홉째, 지혜가 줄어든다. 열째, 죽은 뒤에 악도(惡道)에 떨어진다.

부처님은 이처럼 오래전에 이미 술의 병폐를 알고 우리에게 술을 조심하라고 당부하신 거예요. 그런데 문제는 알코올 중독에 걸린 사람들이 대부분 자신의 병을 부정한다는 거예요. 어떤 사람들은 알코올 중독이 병이라는 사실 자체를 부정하기도 해요. 알코올 중독자를 가족으로 둔 사람들이 더 힘든 건 그 때문이에요. 병에 걸렸으면 당연히 치료를 받아야 낫잖아요. 그런데 알코올 중독자 대부분은 자신이 알코올 중독이라는 병에 걸렸다는 사실을 부인할 뿐만 아니라, 알코올 중독이 병이라는 사실 자체를 부인하며 치료를 완강히 거부해요. 거기서 그치면 다행이에요. 술을 끊으라고 하면 불같이 화를 내며 '너 때문에 술을 마신다'는 핑계로 더 자주 술을 마시게 돼요. 그럴수록 가정은 점점 더 파괴되고, 가족들도 마음의 병이 들어가죠.

저도 처음엔 제 자신이 알코올 중독에 걸렸다는 사실 자체를 받아들일 수가 없었어요. 그런데 평상시에는 멀쩡하다가도 술만 마시면 실수하고, 폭력적으로 돌변하고, 결근을 밥 먹듯 하고, 손이 떨려 일도 제대로 못하고, 곧 죽을 것 같은 강박증에 시달렸어요. 이래서는 도저히 안 되겠다 싶었어요. 그래서 스스로 정신병원을 찾았죠. 알코올 중독은 마약 중독이나 도박 중독처럼 정신병원에서 치료한답니다. 자진해서 3개월 동안 폐쇄병동에 갇혀 치료를 받은 뒤 퇴원했어요. 그 뒤로도 10년 동안 거의 날마다 'A.A.(Alcoholics Anonymous)'라는 '단주친목모임'에 나가 술을 끊기 위해 노력했어요. 물론 지금도 가끔 모임에 나가 술을 끊으려는 사람들과 경험담을 주고받으며 단주에 대한 다짐을 다지고 있어요. '한 번 해병은 영원한 해병'이라는 말처럼 '한 번 알코올 중독자는 늙어 죽을 때까지 영원한 알코올 중독자'이기 때문이죠.

알코올 중독자에겐 '냉정한 사랑'이 필요해요. 더 이상 그런 아버지로 인해 화내거나 고통 받지 말고, 아버지가 알코올 중독자임을 인정한 뒤 어머니와 함께 아버지로부터 초연해지는 거예요. 아버지가 술을 마시든 말든, 아버지가 술로 인해 고통을 받든 말든, 술 취한 아버지가 화를 내고 폭력을 휘두르든 말든, 아버지와 가족을 분리한 채, 아버지는 아버지대로 살고 어머니와 학생은 어머니와 학생 나름대로 사는 거예요.

어찌 보면 인정머리 없고 잔인한 것처럼 보이지만, 그게 아버지를 살리고 가족 모두를 살리는 길이에요. 술로 인해 일어난 '위기 상황'

과 결과를 직접 깨닫게 함으로써 아버지 스스로가 술 끊을 결심을 하도록 도와야 해요.

어머니는 더 단호한 태도를 취해야 해요. 술에 취해 있지 않은 아버지에게 "만약 당신이 술을 끊기 위해 어떤 조치를 취하지 않는다면 나는 더 이상 당신과 살 수 없어요. 나 자신과 아이들을 위해 당신을 떠나는 것이 최선이라고 생각해요"라고 선언해야 해요. 학생도 마찬가지예요. 아버지가 술에서 깨어 있을 때 "아빠가 술 마시는 것 때문에 너무나 힘들어요. 더 이상 아빠의 폭력과 폭언을 견딜 수가 없어요. 아빠가 계속 술을 마신다면 엄마와 함께 아빠 곁을 떠날 거예요. 그것이 아빠를 위하는 길이라고 생각해요"라고 말해보세요.

그런 뒤 가족이 꼭 해야 할 일이 있어요. 형이나 누나나 동생이 있다면 당연히 그들도 포함돼요. 알코올 중독자를 가족으로 둔 사람들은 그 알코올 중독자로 인해 온 가족이 감정적, 신체적으로 큰 상처와 고통을 받고 있어요. 따라서 무엇보다 중요한 것은 자기 자신을 사랑하고 자기 자신의 인생을 초연하게 가꾸어나가는 일이에요. 또 알코올 중독이라는 병이 무엇인지 배워야 해요. 지피지기(知彼知己)면 백전백승(百戰百勝)이라는 말도 있듯이, 알코올 중독에 대해 알아야 자신을 지키고 아버지에게도 도움을 줄 수 있기 때문이에요.

무엇보다 알코올 중독자들의 가족 모임에 나가는 것이 좋아요. 거기 나가면 알코올 중독자를 가족으로 둔 많은 사람들이 모여 서로의 경

험과 아픔을 함께 나누며 격려를 받고 용기를 얻을 수 있거든요. 학생은 '알라틴(Alateen)'에, 엄마는 '알아넌(Al-Anon)'에 가면 돼요. '에이에이(A.A.)'가 술을 끊기 위해 모인 알코올 중독자 모임이라면, '알라틴'은 가족이나 친구의 알코올 중독으로 인해 자신의 생활에 영향을 받는 청소년들의 모임이에요. '알아넌'은 누군가의 음주로 인해 삶에 영향을 받거나 고통을 겪고 있는 가족, 친구, 친척을 위한 모임이고요. 참고로 여기에 '에이에이'와 '알아넌'의 연락처를 적어 놓을게요. '알라틴'은 '알아넌'으로 연락하면 돼요.

*한국 에이에이 본부(aakorea.co.kr): 02)774-3797
*한국 알아넌 연합회(alanonkorea.or.kr): 02)752-1808

'알라틴'에 참가하면 또래 경험자들과 함께 자신의 고민을 나누며 문제를 의논할 수 있어요. 또 어떻게 하면 문제를 해결할 수 있는지 알려주는 책자를 받고, 다른 또래 경험자들이 어떻게 새 삶을 찾아 생활하고 있는지도 배울 수 있어요. 아버지가 알코올 중독자라는 사실을 전혀 부끄러워할 필요도 없어요. 암이나 폐결핵, 당뇨병처럼 누구나 걸릴 수 있는 병이니까요.

학생이 '알라틴'에 나가야 하는 중요한 이유는 또 있어요. 알코올 중독자를 부모로 둔 가정에서 자란 아이들은 커서 알코올 중독자가 되기 쉬워요. 저도 그랬으니까요. 제 아버지도 제가 아주 어렸을 때부터 술만 마시면 어머니와 싸우고, 어쩔 땐 폭력을 행사하는 걸 보고 자랐는데, 어른이 되어 어느 날 보니 저도 아버지처럼 똑같이 술만 마시면 폭행과 폭언을 일삼는 주정뱅이가 되어 있더라고요.

미래에 그런 사람이 되지 않기 위해서라도 지금 당장 어머니와 함께 마음의 분노와 고통과 상처를 치유해야 해요. 학생과 엄마의 태도가 변하면 아버지도 언젠가는 술을 끊기 위해 노력할 거예요. 술 취한 아버지를 미워하고 원망하는 대신 지금 당장이라도 '알아넌'에 전화를 거세요. 그리고 어머니와 함께 도움을 받으세요. 그곳에 혼자 가기 두려우면 저에게 찾아와도 돼요. 그러면 제가 안내해줄 수 있어요. 그 길만이 아버지의 알코올 중독으로부터 학생과 어머니가 회복하는 길이에요.

아버지에게 억지로 술을 끊게 강요하거나, 호소하거나, 설득하는 것은 금물이에요. 술 마시는 아버지가 싫다고 집을 뛰쳐나가거나 나쁜 생각을 갖는 것도 문제만 더 어렵게 만들고 크게 키울 뿐이에요. 알코올 중독은 완치하기 어려운 병이지만 알코올 중독으로부터 벗어날 수 있는 해결책은 있어요. 학생과 학생의 어머니가 '알라틴'과 '알아넌'에 나가는 순간이 그 첫 출발점이 될 거예요.

한 번 가출했더니
자꾸 하게 돼요

―――

재작년쯤 부모님이랑 학교 문제로 크게 다퉜어요.
학교에 며칠 빠졌는데 심하게 맞았어요. 너무 화가 나서
그대로 가출해버렸어요. 집이 지방인데 한 일주일 정도
친구랑 같이 서울로 가출했어요. 그때 정말 힘들었어요.
집에서도 난리가 나서 부모님이 저를 찾으러 서울까지 오셨는데,
그래도 제가 첫 가출을 해서 그런지 돌아오니까 크게 뭐라고
안 하시고 넘어갔어요. 문제는 그 뒤로도 부모님과
제 사이가 좋아지진 않았다는 거예요. 그냥 집에 정이 잘 가지 않아요.
그러다가 작년에 서너 번 더 가출을 했어요.
 한 번 하니까 가출도 그렇게 어렵지 않더라고요.
일단 짜증나는 부모님 얼굴을 안 봐도 되니까 몸은 좀 힘들어도
마음이 편하더라고요. 근데 어떨 때는 내가 꼭 이래야 할까
싶은 마음이 들 때도 있어요. 밖에서 지내다 돈이 떨어지면
진짜 난감하거든요. 위험한 일도 많고요.
하지만 막상 집에 들어오면 또 가출하고 싶은 마음이 커져요.
어떡하면 좋죠?

마음의 평화는
행복과 불행을 넘어서는 곳에 있어요.

아마 학생의 마음은 지금 선과 악이 심한 싸움을 벌이고 있을 거예요. 그래도 다행인 것은 학생이 선과 악 너머에 있는 지고한 마음의 평화와 선(善)을 찾으려고 한다는 것이죠.

어떤 부자에게 어린 아들이 있었어요. 어려서 집을 나간 아들은 50년 동안 거지로 살았어요. 그사이 부자는 사업이 더욱 잘돼 더욱 큰 부자가 되어 있었어요. 하지만 부자는 늘 걱정이었어요. 재산을 물려줄 아들이 없었기 때문이에요.

어느 날 부자는 집 앞에서 아들을 보았어요. 거지가 된 아들은 부잣집이 자신의 아버지 집인 줄도 모르고 구걸을 하며 그 집 앞을 지나가고 있었던 거예요. 한눈에 아들을 알아본 부자는 반갑게 아들을 쫓아갔지만 아들은 자기를 잡으러 오는 줄 알고 혼비백산해 도망쳤어요. 부자는 네가 내 아들이다고 외치고 싶었지만, 아들이 그 소리를 듣고 놀라서 더 달아날까 봐 쫓아가기를 멈추고 멀리서 바라보기만 했어요.

부자는 꾀를 냈어요. 하인을 거지로 변장시킨 뒤 아들에게 찾아가 잘 타일러서 집으로 데려오도록 한 거예요. 아들이 눈치 채고 달아날까 봐 부자는 처음에는 아들에게 거름치는 허름한 일을 시켰어요. 그러면서 차츰차츰 거지 아들과 친해지기 시작했어요.

거지 아들이 일을 잘하는 것을 본 부자는 어느 날 거지 아들을 양자로 삼기로 했어요. 그리고 양자라는 핑계를 대고 아들에게 재산을 주려 했어요.

하지만 거지 아들은 "저는 천생이 거지입니다. 받을 수 없습니다"라며 한사코 자신을 천한 사람으로만 여겼죠.

세월이 흘러 부자가 죽을 때가 되었어요. 거지 아들도 이젠 부자의 친 가족이나 다름없이 살고 있었어요. 부자는 죽음을 앞두고 온 식구와 친척, 이웃 사람들을 불러모아놓고 그동안의 상황을 설명한 뒤 선포했어요. 자신이 거지 아들의 친아버지임을. 그리고 자신의 모든 재산을 거지 아들에게 물려준다는 것을.

거지 아들은 비로소 부자가 자신의 친아버지임을 알고 기쁜 마음으로 부자의 재산을 받아들였어요.

『법화경』이라는 부처님 책에 나오는 이야기예요. 사실 저도 초등학교 5학년 때부터 고등학교 3학년 때까지 여섯 번이나 가출했어요. 그때 얼마나 힘들고 고통스러웠는지 몰라요. 후회도 참 많이 했고요. 하기야 그렇게 용감하게(?) '가출'했던 덕분에 지금은 거꾸로 '출가'라는 '부자의 재산'을 물려받아 행복하게 살고 있는지도 모르지만요. 그런 말도 있잖아요. 젊었을 때 고생은 사서도 한다고. 하지만 오해하진 마세요. 가출이 좋다는 뜻은 절대 아니니까요.

힘들겠지만, 저와 함께 지금 상상력을 발휘해서 어머니 아버지의 입장이 돼 자신을 한번 바라보면 어떨까요? 틀림없이 마음에 어떤 변화가 일어날 거예요. 부모님이 학생을 때린 건 백번 잘못이에요. 아무리 부모 자식 사이라 해도 폭력을 사용해서는 절대로 안 되거든요. 그 이유가 무엇이든 부모가 학생을 때린 건 무조건 부모님 잘못이에요. 하지만 여기서 우리가 생각해볼 것이 있어요. 학생의 부모님은 왜 학생을 때리게 되었을까요? 학생이 정말로 미워서 때렸을까요?

학생의 부모님은 이 세상에서 누구보다도 학생을 아끼고 사랑하실 거예요. 학생을 때린 것에 대해서도 후회하고 있을 거고요. 학생이 가출해버리자 집에서 난리가 나고 학생을 찾으러 서울까지 간 것만 봐도 알 수 있어요. 학생이 집에 돌아와도 크게 나무라지 않은 건 학생이 또 가출해버릴까 봐 염려해서일 거예요. 고슴도치도 제 새끼는

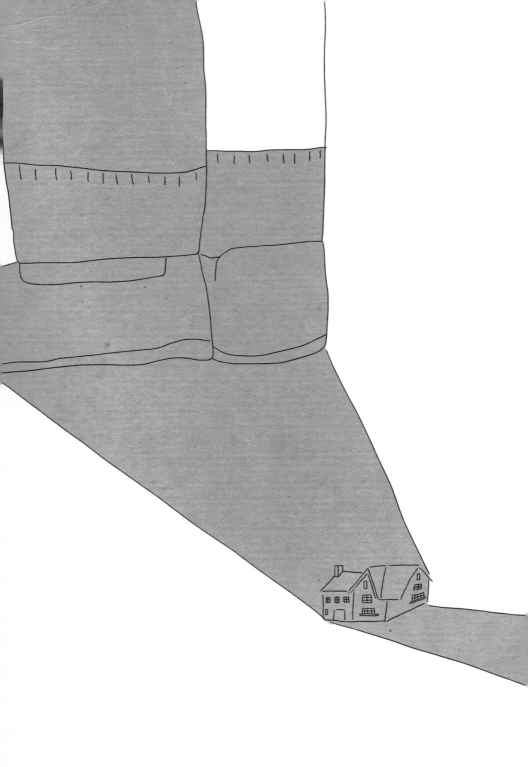

예뻐한다잖아요.

또 학생이 그렇게 후회하고 반성하는 걸 보니 학생도 굉장히 선한 마음 바탕을 갖고 있는 게 틀림없어요. 그 누구보다도 자신을 사랑하고 아껴주시는 부모님 마음도 잘 알고 있을 거고요. 앞서 말한 부자와 거지 아들처럼 부모님의 자리에서 학생 자신을 생각해보세요. 그러다 보면 부모님을 용서하고 나를 용서하는 마음이 자연히 생길 거예요.

이 세상에 부모님만큼 소중한 존재는 없어요. 나를 낳아준 사람도 부모고, 나를 키워준 사람도 부모고, 지금의 나를 존재하게 해준 사람도 부모잖아요. 특히 어릴 때일수록 부모님의 소중함은 막대해요. 부모님이야말로 내 최고의 보호자이자, 최대의 후원자이자, 최후의 방패막이이기 때문이에요.

불행해지고 싶어서 이 세상에 온 사람은 아무도 없어요. 사람이 스스로의 행복을 만들지 못하는 이유는 사랑하는 능력을 잃어버렸기 때문이에요. 누더기를 입든 보석을 걸치든, 보리밥을 먹든 맛있는 쌀밥을 먹든, 서로가 사랑하는 능력이 없으면 불행해져요. 사랑은 일방통행이 아니에요. 일방적인 사랑은 행복을 만들어내지 못해요. 처음에 거지 아들이 아버지의 사랑을 받아들이지 못하고 계속 거지로 남으려고 했던 것도 부자 아버지의 사랑을 받아들이지 못했기 때문이에요. 그 순간 부자 아버지의 사랑은 일방적인 사랑일 뿐이었죠. 그래서 현명한 아버지는 꾀를 써서 거지 아들을 점차 자기에게 다가오게 한 뒤 사랑의 문을 함께 열도록 만든 거예요.

학생의 부모님은 지금 부자 아버지처럼 학생을 매우 사랑하고 있어요. 다만 학생이 아직까지 부모님의 사랑을 받아들일 문을 열지 못하고 있는 거예요.

사실 가출에도 중독성이 있어요. 가출에 중독되면 조금만 어려운 일에 부딪혀도 현실을 외면하고, 아무도 모르는 곳으로 도망가 숨어버리고 싶은 마음이 들어요. 그럴수록 문제는 눈덩어리처럼 커지고 자신의 몸과 마음은 더욱 병들어가죠.

학생에게 필요한 것은 우선 학생의 처지와 부모님의 처지를 분리하는 거예요. 그리고 사랑의 통로를 여는 거예요. 이럴 때 좋은 기도문이 있어요. 저도 화나거나 힘들거나 우울한 일이 있을 때 자주 써먹는 기도문이죠.

위대하신 힘이여,
어쩔 수 없는 것을 받아들이는 평온함을 주시고,
어쩔 수 있는 것은 바꾸는 용기를 주시고,

그리고

이를 구별하는 지혜도 주소서.

〈평온함을 청하는 기도〉라는 것인데, 여기서 '위대하신 힘'은 얼마든지 자신이 생각하는 '위대하신 힘'으로 바꿔 생각해서 기도해도 돼요. 교회에 다닌다면 '위대하신 힘' 대신에 '하나님'이라고 해도 좋고, 불교를 믿는다면 '부처님'이라고 해도 좋고, 조물주나 우주, 신, 자신의 영성 등 자신보다 위대한 힘을 가지고 있다고 생각하는 것으로 대체하면 돼요.

그다음에 할 일은 '어쩔 수 없는 것'과 '어쩔 수 있는 것'을 구분하는 거예요. 학생의 어머니 아버지는 학생의 힘으로는 어쩔 수 없는 분들이에요. 학생의 힘으로는 도저히 바꿀 수 없는 것에 속하죠. 반대로 학생의 부모 입장에서도 학생은 도저히 어쩔 수 없는 것에 속해요. 어떤 누군가가 다른 누군가를 바꾸기란 불가능해요.

그러나 학생의 입장에서 학생에 관한 일은 얼마든지 학생 스스로 어쩔 수 있는 일들이에요. 학교에서 문제를 일으키는 것도 학생의 의지가 자신도 모르게 작동해서 스스로 일으키는 것이고, 가출을 하는 것도 학생의 의지가 스스로 작동해서 일어난 일이에요.

이처럼 나 자신에 관한 일은 내 의지가 작동하는 것이기 때문에 내 힘으로 얼마든지 '어쩔 수 있는 것'들이에요. 그렇다면 해결책은 나왔죠. 부모님을 바꾸는 것은 '어쩔 수 없는' 일이기 때문에 부모님의 입장을 그대로 수용하고, 나에 관한 일은 '어쩔 수 있는' 것들이기 때문에 내가 바꾸기만 하면 돼요.

가출하고 싶다는 생각이 든다고 해서 곧바로 가출하지 마세요. 가출하고 싶은 마음과 행동은 얼마든지 바꿀 수 있는 것이기 때문에 내가 용기를 내서 바꾸기만 하면 되는 거예요. 그것이 바로 삶의 지혜이자 자신이 꿈꾸는 인생에 가까워지는 길이에요. 혼자 힘으로 그것을 쉽게 구분하기 어려울 땐 담임선생님이나 상담선생님, 목사님, 신부님, 또는 저 같은 스님을 찾아와 물어보면 많은 도움을 받을 수 있어요.

신기한 것은 내가 나 자신을 있는 그대로 받아들일 때 내 마음이 평온해지면서 스스로 변하기 시작한다는 거예요. 상대방의 입장이 이해되면서 상대방의 잘못이 용서가 된다는 거죠. 나와 부모, 나와 학교, 나와 친구, 나와 이웃, 나와 사회, 나와 지구, 나와 우주는 서로 떼려야 뗄 수 없는 관계로, 마치 촘촘한 그물망처럼 연결되어 있기 때문이죠.

흔들리지 않고 피어나는 꽃은 없어요. 흔들린다는 것은 꽃이 피기 위해 성장하고 있다는 증거고, 내가 지금 어른으로 성장하기 위해 몸과 마음의 에너지가 변화를 겪고 있다는 말이에요. 반대로 흔들리지 않으면 꽃이 필 수 없고, 진정한 어른이 될 수 없다는 뜻이기도 해요.

학생은 지금 아름다운 꽃으로 피어나기 위해, 훌륭한 어른으로 성장하기 위해 성장통을 겪고 있을 뿐이에요. 내 입장을 먼저 생각하기 전에 부모님의 입장을 먼저 생각해보고, 가출하고 싶은 마음이 들 땐 〈평온함을 청하는 기도〉를 외우면서 자신의 마음과 행동을 바꾸는 용기를 갖고 소중한 학창 생활을 열심히 즐겨보세요. 머지않은 날 정말 훌륭하고 아름다운 꽃으로 피어난 자신을 만날 수 있을 거예요.

마음으로 밖을 관찰하고 또 안을 관찰하면 사유를 통해 저절로 기쁨이 생겨 다른 사람들과는 그 마음이 다르게 될 것이다. _「불설아함정행경」

권위적인 아버지 때문에 화가 나요

아버지가 권위적이에요. 다른 친구들처럼 아버지 앞에서
애교 같은 거 부리는 건 상상도 못할 일이에요. 일주일에 한 번
정도는 두 시간 정도 저를 무릎 꿇리고 잔소리를 하세요.
매번 당신이 가장이니 무조건 자기 말을 들어야 한다고
말씀하시고, 당신과 생각이 다르면 왜 그런 생각을 하냐고,
왜 잘못된 생각만 하냐고 꾸짖으세요. 설령 아버지가 틀려도
절대로 인정하지 않으세요. 학교 끝나고 나서 친구들과
놀지도 못하게 하고요, 주말에도 친구랑 만나지 못해요.
어쩌다 허락을 받고 나가도 저녁 먹기 전에는 꼭 들어와야 해요.
그 조건에 어긋나면 진짜 심하게 욕을 얻어듣거나 벌을 받아요.
집에서 컴퓨터 하는 건 꿈도 못 꿔요. 저한테만 그런 게
아니라 어머니한테도 그러세요. 당신이 돈 벌어다 주니까
가족이 살 수 있는 거라고 하면서 막 함부로 대하세요.
옷도 꼭 아버지가 고른 걸 입어야 하고
어머니가 다른 옷이 좋다고 해도 무시해요.
아버지의 일방적인 지시라든가 권위가 너무 싫고 화가 나요.
어떻게 대처해야 하는 걸까요?

**인생에는 싸워야 할 때, 화해해야 할 때,
침묵해야 할 때, 말해야 할 때가 있어요.**

이 세상에 부모와 자식처럼 어려운 관계는 없답니다. 부모와 자식처럼 특수한 관계도 없고요. 어머니가 자식을 잉태해서 태어나기까지, 자라서 청소년이 되고 어른이 되기까지, 죽음이라는 문으로 들어가 이승에서 완전하게 결별할 때까지, 그리고 나마저 죽어 내 가슴에서 부모의 모습이 완전히 지워질 때까지 부모와 나의 관계는 지속되거든요. 싫으나 좋으나 이렇게 평생 동안 내 안에 품고 살아갈 수밖에 없는 것이 부모와 자식의 관계예요. 그만큼 부모 자식 관계는 어렵다는 뜻이죠.
부모가 마음에 안 든다고 해서 부모를 바꿀 수 없는 건 그 때문이에요. 방법은 딱 하나예요. 스스로를 바꾸어야 해요.

부처님의 제자 가운데 부루나 존자라는 분이 있었어요. 지혜가 뛰어났을 뿐만 아니라 머리가 좋아 스무 살 때 모든 학문에 통달했어요. 그래서 그런지 나이가 먹을수록 교만해지고 성질이 난폭해졌어요. 하루는 그 소문을 들은 부처님께서 말했어요. "진실로 지혜로운 사람은 자기가 무엇이든지 안다고 말하지 않는다. 진실로 다 아는 사람은 태양이 온 세상을 밝히듯 한다. 그러나 조금 아는 것이 있다고 해서 스스로 교만해져 남을 업신여기는 것은 장님이 등불을 든 것과 같아 남의 앞은 밝혀주지만 제 갈 길은 모른다."

부처님의 말씀을 들은 부루나는 부끄러움을 느끼고 깊이 참회했어요. 그 길로 부처님의 제자가 된 부루나는 부처님의 가르침을 열심히 받들어 부처님의 십대 제자 가운데 부처님 말씀을 가장 잘 전하는 제자가 되었어요.

어느 날 부루나 존자가 부처님께 청했어요. 서방의 수로나국에 가서 부처님의 가르침과 말씀을 전하겠다고요. 그러자 부처님께서 말했어요.

"부루나야, 수로나국 사람들은 성질이 사납고 거칠다. 만약 사람들이 너를 업신여기고 욕하면 어찌하겠느냐?"

부루나가 대답했어요. "부처님이시여, 만약 수로나국 사람들이 헐뜯고 욕하더라도 저는 고맙다고 생각할 것입니다. '그래도 그 사람들은 착해서 돌을 던지거나 몽둥이로 나를 때리지는 않는구나'라고 생각할 것입니다."

"그럼 만약 수로나국 사람들이 돌을 던지고 몽둥이로 때리면 어떻게 하겠느냐?"

"부처님이시여, 수로나국 사람들이 비록 돌을 던지고 몽둥이질을 하지만 '그래도 착한 데가 있어서 칼로 나를 찌르지는 않는구나'라고 생각할 것입니다."

"그럼 만약 칼로 찌른다면 어떻게 하겠느냐?"

"비록 칼로 찌르기는 하지만 '그래도 착한 데가 있어 나를 죽이지는 않으니 고맙다'고 생각할 것입니다."

부처님께서 다시 물었어요. "부루나야, 그럼 만약 그들이 너를 죽인다면 어떻게 하겠느냐?"

부루나가 대답했어요. "부처님의 제자들 가운데는 육신을 가벼이 여겨 칼로 자살하는 사람도 있고, 약을 먹거나 목을 매거나 절벽에서 뛰어내리는 사람도 있는데 이 수로나국 사람들은 '그래도 착한 데가 있어 나의 수고를 덜어주기 위해 나를 죽여주는구나'라고 생각할 것입니다."

비로소 부처님께서 말했어요. "착하고 착하다, 부루나야. 너는 인욕을 성취하였으니 수로나국의 난폭한 사람들 속에서도 가히 머물 수 있으리라. 이제 너는 수로나국으로 가 제도받지 못한 자를 제도하고, 근심과 걱정으로 불안을 느끼는 사람들을 평안케 하며, 열반을 얻지 못한 사람을 열반케 하라."

부처님의 허락을 얻은 부루나 존자는 드디어 수로나국에 가

5백 명의 신자를 얻고, 절 5백 개를 세운 뒤, 세월이 흘러 마침내 그곳에서 죽었어요.

아마 그 순간 부루나 존자는 생각했을 거예요. '희망은 언제나 어려움을 극복하게 도와준다'고. 그래요. 희망이 있다면 우리 삶은 좀 더 견딜 만해지죠. 사실 인생에는 싸워야 할 때가 있고 화해해야 할 때가 있으며, 침묵해야 할 때가 있고 말해야 할 때가 있어요. 다음의 얘기처럼.

물소 왕이 물소 떼를 거느리고 드넓은 초원에 살고 있었어요. 물소 왕 덕분에 물소 떼는 항상 편안했어요. 배가 고프면 풀을 뜯어먹고 목이 마르면 달콤한 샘물을 마시며 자유를 누렸죠. 무리가 다른 곳으로 이동할 때면 물소 왕이 언제나 앞장서서 길을 인도하고, 물소 떼는 그 뒤를 따랐어요. 물소 왕은 항상 위엄 있고 당당했어요. 걸음걸이도 장중했을 뿐만 아니라 성격도 부드럽고, 행동거지도 점잖고 우아했죠.
어느 날이었어요. 다른 초원으로 가기 위해 물소 떼를 거느리고 물소 왕이 앞장서 가고 있는데 문득 길가에서 원숭이 떼 한 무리가 뛰쳐나왔어요. 그러곤 물소 왕을 향해 돌멩이를 던지고 먼지를 날리며 입에 담지 못할 욕설을 퍼부었어요. 하지만 물소 왕은 원숭이 떼를 본 척도 하지 않고 평온한 걸음으로, 의연히 자신이 갈 길만 걸어갔어요.

아무리 짓궂게 놀려도 반응이 없는 물소 왕을 본 원숭이 떼는 화가 났어요. 그래서 이번엔 물소 떼를 향해 돌멩이를 던지고 먼지를 날리며 입에 담지 못할 욕설을 퍼붓고 놀려댔어요. 물소들은 화가 났지만 맨 앞에 걸어가는 물소 왕이 원숭이들의 모욕에 대꾸하지 않고 의연하게 걸어가는 것을 보고, 자신들도 물소 왕만 따라 묵묵히 걸어갔어요. 아무리 괴롭히고 놀려도 물소들이 조용히 걸어가는 것을 본 원숭이들은 물소들이 자신들이 두려워서 그러는 줄 알고 매우 흡족해했어요.

그런데 송아지 물소 한 마리가 맨 뒤에 처져 걸어가고 있었어요. 원숭이들은 더욱 만만해 보이는 송아지 물소를 향해 이번에는 침까지 뱉어가며 욕설을 퍼붓고 놀려댔어요. 송아지 물소는 울컥 화가 치솟았지만, 앞서 가는 엄마 아빠 삼촌 물소들이 그런 원숭이 떼를 거들떠보지 않고 걸어가는 걸보고 속으로 생각했어요.

'그래. 나도 엄마 아빠와 삼촌들처럼 화내지 말고 가야지.'
그러면서 치근대는 원숭이들을 따돌리고 앞서 간 엄마 아빠
와 삼촌들을 향해 뛰어갔어요.

마침 사람들이 무리를 지어 길가에 나타났어요. 자신들이
가장 잘난 줄 안 원숭이들은 물소들에게 했던 것처럼 사람
들을 향해 돌멩이를 뿌려대며 욕설을 퍼부었어요. 터무니없
이 날뛰는 원숭이들을 본 사람들은 어처구니가 없었어요.
화가 난 사람들은 순식간에 원숭이들을 포위했어요. 그러
곤 원숭이들이 죽을 때까지 손과 발로 두들겨 팼어요. 원숭
이들이 죽자 사람들은 죽은 원숭이들을 길가에 버리고 가던
길을 계속 갔어요.

'고통에 찬 달팽이를 보거든 충고하려 들지 말라'는 말이 있어요. 그
래요. 학생의 아버지는 어쩌면 고통에 찬 달팽이를 보고 충고하려
드는 수로나국 사람이나 원숭이 떼에 비유할 수 있을지 몰라요. 사
랑과 겸손과 친밀함이 전제되지 않은 충고는 진정한 충고가 아니거
든요. 하지만 나를 고통에 찬 달팽이로 만든다고 해서 아버지를 내
맘대로 바꿀 순 없어요. 수로나국 사람들은 수로나국 사람들일 뿐이
고, 원숭이들은 원숭이들일 뿐이에요. 수로나국 사람이나 원숭이들

을 우리 맘대로 바꿀 수 없는 것처럼 학생의 아버지도 학생의 맘대로 바꿀 수 없어요. 수로나국 사람들이나 원숭이들처럼 아버지는 아버지일 뿐이에요. 어떤 시련과 고통에도 아랑곳하지 않고 의연하게 제 갈 길을 간 부루나 존자나 물소 왕, 물소, 송아지 물소처럼, 우리는 오직 자신의 길만 가면 돼요. 고통에 찬 달팽이가 스스로 고통에서 빠져나오듯이 스스로 그 상황에서 빠져나와야 돼요. 내가 먼저 변하는 것이 유일한 해답이에요.

근데 그게 쉽지 않아요. 그래서 문제예요. 이론적으로는 잘 알겠는데, 막상 실천하려 들면 쉽지가 않거든요. 하지만 처음부터 부루나 존자나 물소 왕처럼 태어난 사람은 없어요.

해답은 바로 그 지점에 있어요. 한번 생각해볼까요. 난폭한 수로나국 사람들의 압박과 핍박에도 굴하지 않고 부루나 존자가 그들 속으로 뛰어 들어가 5백 명의 신자를 얻고 5백 개의 절을 세울 수 있었던 힘은 어디서 나왔을까요? 그 사람들을 있는 그대로 받아들였기 때문이에요. 원숭이들의 욕설과 모욕에도 개의치 않고 물소 왕과 물소 떼와 송아지 물소가 의연하게 자기 길을 간 것은 무엇 때문일까요? 원숭이들이 변하기를 바란 것이 아니라 자기들 스스로가 먼저 변했기 때문이에요. 그래서 스스로 고통에서 빠져나온 거예요.

자신을 제외하곤 이 세상에서 아무도 다른 사람을 자기 맘대로 바꿀 수 없어요. 그러나 자기 자신은 조금만 노력하면 얼마든지 바꿀 수 있어요. 불교에서는 그것을 수행이라고도 하고, 수심(修心)이라고도 해요. 자신의 마음과 행동을 잘 닦는다는 뜻이에요. 내가 내 마음을 잘 닦으면 상대방이 아무리 모욕적인 언사를 하고 못살게 굴어도 부루나 존자나 물소 왕처럼 흔들리지 않아요. 오히려 못살게 구는 그 사람들이 측은하게 여겨지기까지 하죠.

수행이나 수심의 방법은 많아요. 불교나 기독교, 천주교, 원불교 등 종교단체를 찾아가 상담한 뒤 자신에게 맞는 방법을 택해 공부할 수도 있고, 아니면 마음공부를 하는 데 도움이 되는 책을 구입해 읽는 것도 좋아요. 청소년 상담을 전문으로 하는 곳에 찾아가 도움을 받는 것도 좋고요.

또 하나 중요한 게 있어요. 아버지가 그렇게 완고하고 권위적인 사람이 된 데는 반드시 그만한 원인이나 이유가 있을 거예요. 그렇게 될 수밖에 없었던, 아니면 그렇게 할 수밖에 없는 어떤 아픔이나 삶의 애환이 있었는지도 몰라요. 아버지도 어렸을 때 어쩌면 할아버지한테 그런 방식으로 훈육을 받고 자랐는지도 모르고, 세상을 살아오는 동안 많은 세파에 시달리다 보니 자신도 모르게 권위주의적인 성격을 갖게 되었는지도 몰라요. 인간관계 때문에 생긴 스트레스나 열등감이 가족 앞에서 군림하는 자세로 나타날 수도 있어요. 하지만 그것도 오로지 아버지의 문제일 뿐, 아버지의 아픔과 상처일 뿐, 내가 대신 아버지의 성격을 고쳐주거나 아버지의 문제를 해결해줄 순 없어요.

가장 좋은 방법은 '흐르는 강물처럼' 아버지를 있는 그대로 받아들이는 거예요. 아버지도 지금 최선을 다해 자신의 강을 흘러가고 있을 거예요. 밤하늘의 별자리를 보고 제자리에 잘못 앉아 있다고 할 순 없잖아요. 아버지를 탓하고 미워하기 전에 그런 아버지의 별자리로 태어난 내 업보라고 생각해보세요. 학생이 먼저 마음을 열고 아버지를 받아들이고 인정해보세요. 예를 들어 마음에 안 들고 입기 싫더라도 아버지가 골라준 옷을 입고 "아버지, 감사합니다" 하고 씽긋 웃어보세요. 그런 뒤 아버지가 보지 않을 땐 안 입으면 되는 거잖아요. 학생의 미소 한 번에 아버지의 마음도 활짝 갤 거예요.

아버지가 무릎을 꿇려놓고 잔소리할 때도 마찬가지예요. 아무리 힘들고 괴롭더라도 '우리 아버지가 얼마나 힘들면 나에게 이러실까?' 하는 측은지심으로 아버지의 잔소리를 부처님 말씀처럼 들어주세요. 그러다 보면 그런 아버지가 한없이 가엽게 느껴질 거예요. 학교가 끝난 뒤 친구들과 못 놀게 하면 학교가 끝나기 전에 친구들과 신나게 놀아버리고, 주말에 친구들이랑 못 만나게 하면 평일에 친구들과 많이 만나세요. 그렇게 역지사지하는 마음으로 학생과 학생의 어머니가 먼저 변하다 보면, 머지않아 학생의 아버지도 틀림없이 변하게 될 거예요.

부처님 말씀이나 자기계발서 등 마음공부를 하는 데 도움이 되는 책을 거실이나 화장실 등 아버지 눈에 띄는 곳에 자연스럽게 놓아두는 것도 좋은 방법이 될 거예요. 학생과 학생의 어머니 못지않게 아버지도 힘들고 고통스러운 일이 많이 있을 거예요. 세계인의 정신적 스승인 달라이라마도 말씀하셨어요. '마음이 좁은 자는 생각이 극단으로 흐른다'고요.

사과를 받기 전에 먼저 사과를 해보세요. 용서를 바라기 전에 먼저 용서를 베풀어보세요. 분노하고 미워하는 대신에 감사해보세요. 용서는 내가 상대방을 받아들이는 것이 아니라 내가 나를 받아들이는 것이에요. 상대방이 받아들이든 받아들이지 않든 내 마음이 먼저 평온해지고 행복해지는 건 그 때문이에요. 권위적인 아버지에게 더 이상 나의 감정을 이입하지 말고, 넓은 마음으로 아버지를 용서하고 받아들이는 것, 그것만이 현재 상황을 바꿀 수 있는 유일한 길이자 해결책이에요. 아버지에게도 반드시 그럴만한 이유가 있을 테니까요.

다른 사람을 때리면 다른 사람에게 얻어맞고 원망을 받을 일을 하면 원망할 일이 생기며, 다른 사람을 욕하면 다른 사람에게 욕을 먹고 다른 사람에게 화를 내면 다른 사람의 화를 받게 된다. ―『법구경』

4장

우리도
하늘을
올려다보고 싶어요

전 꿈이
없는 것 같아요

전 잘할 수 있는 게 없어요. 꿈도 없고요. 곧 고등학교에
진학하는데 미래를 위해 뭘 준비해야 하는지도 모르겠어요.
옛날에는 요리사가 되고 싶다는 생각을 했어요.
하지만 그것도 쉽지 않은 거라고 하더라고요.
그래서 그냥 잠깐 생각하다가 접었어요. 원래 요리에 특별히
재주가 있는 것도 아니었고요. 디자이너가 되어볼까 하고
생각한 적도 있는데 그것도 흐지부지 생각만 하다가 그만뒀어요.
그러고 보니 끈기가 부족한 것 같기도 하네요.
부모님은 이제 제가 사회에 나갈 날이 고작 10년도 남지 않았다고
벌써부터 겁을 줘요. 하지만 지금도 전 솔직히 뭐가 되고 싶은지
모르겠어요. 저는 진짜 꿈이 없는 것 같아요.
근데 꼭 꿈이 있어야 하는 건가요? 다들 그냥 대학에 가고
직장에 들어가고 결혼해서 살지 않나요?
꼭 그럴듯한 꿈이 있어야만 멋있는 건가요?
요샌 미래에 대해 생각하기만 하면 암울해져요.
만약 꿈을 가져야 한다면 그걸 어떻게 찾죠?

우리는 해답이 없는 해답을 찾아
떠나야 해요.

덩치 큰 인도코끼리를 길들이기 위해 조련사들은 인도코끼리가 아주 어렸을 때부터 작은 말뚝에 매놓는다고 해요. 아기 코끼리들은 처음엔 말뚝을 뽑아내고 이리저리 돌아다니고 싶어서 애를 쓰지만 아직 너무 어려 힘이 달린 탓에 말뚝을 뽑아낼 수 없죠. 몇 번 시도 하다가 자신들의 힘으론 도저히 말뚝을 뽑아낼 수 없음을 알고는 자유롭게 돌아다니기를 포기해요. 그렇게 길들여진 인도코끼리들은 덩치 큰 어른 코끼리가 되어서도 말뚝을 뽑아낼 수 없는 것으로 알고 아주 작은 말뚝에 고분고분하게 매여 있죠.

해답이 없는 것이 삶의 유일한 해답이라고 해요. 하지만 해답이 없는 해답을 찾아 떠날 수밖에 없는 게 인생이에요. 해답을 찾기도 전에 해답을 포기해버리는 사람처럼 안타까운 사람은 없어요. 저 인도코끼리처럼 말이에요.

우리는 아주 작은 말뚝에 묶인 인도코끼리와 같은지도 몰라요. 몸이 아니라 마음이 묶인 거죠. 이 세상에 무가치한 사람은 하나도 없고, 꿈이 없는 사람도 하나도 없어요. 자신이 아직 자신의 쓸모를 발견하지 못하고, 자신의 꿈을 찾아내지 못할 뿐이에요. 그래서 도를 깨친 높은 스님들은 "달을 보려면 달을 직접 봐야지 달을 가리키는 손가락을 봐서는 안 된다"고 했어요.

지금 방황하고 있는 것은 '참된 나'를 찾지 못하고 있기 때문이에요. 달을 봐야 하는데 달을 보지 않고, 달을 가리키는 사람의 손가락만 보고 있거든요. 내 삶의 주체는 나 자신이에요. 누구도 나에게 달을 가져다줄 수 없어요. 내가 아니면 나 자신을 찾을 수 없어요. '참된 나'를 찾는 것이야말로 진정으로 자신을 사랑하는 길이에요. 잠깐의 안락과 나태함은 독약일 뿐이에요. 현실도피일 뿐이죠. 풀숲에 머리만 처박은 채 꼭꼭 숨었다고 생각하는 꿩과 같아요.

삶에 해답은 없지만 목적은 분명히 있어요. 좀 고통스럽더라도 지금부터 그 목적을 찾아야 해요. 그러기 위해선 먼저 자신이 생각하는 자신의 문제점은 무엇인가부터 찾아야 하죠. 부모님이나 선생님이나 친구들이 말해주는 나의 문제점은 내 문제점을 해결해주지 못해요. 실제로 그들은 내 안에 들어 있는 나의 문제점을 볼 수 없으니까요. 내 안에 들어 있는 나의 문제점은 오직 나만이 볼 수 있어요.

나의 문제점만 정확히 알면 그 문제점은 이미 고친 것이나 다름없어요. 해결책은 널려 있으니까요.

그중에서 권하고 싶은 것은 감사 일기 쓰기예요. 언제 어디서나 가지고 다닐 수 있도록 내 마음에 쏙 드는 예쁜 노트를 한 권 준비한 뒤 감사할 일이 생길 때마다 감사한 내용을 적고 제목을 달아보는

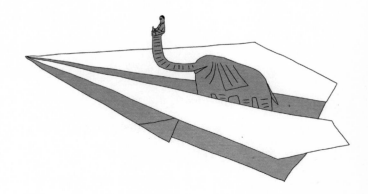

거예요. 그러다 보면 내 삶에서 소중한 것이 무엇인지, 내 삶의 초점을 어디에 맞춰야 하는지, 내가 무엇을 하고 살아야 하는지 가닥이 추려지죠. 그게 곧 내 삶의 목적이 되고 방향이 되고 내 삶을 이끄는 에너지가 될 수 있어요.

20세기 미국에서 가장 존경받는 여성이자 최고의 흑인 여성 갑부로 우뚝 선 오프라 윈프리는 매일 감사할 일을 다섯 가지씩 정해 감사 일기를 썼다고 해요. 가난한 미혼모의 딸로 태어나 누구보다 불행한 삶을 살았지만, 꾸준히 감사 일기를 쓴 결과 전 세계에서 '가장 영향력 있는 여성'이자, 가장 '축복받은 여인'으로 살고 있죠. 다음은 오프라 윈프리가 밝힌 자신의 감사 일기 작성법 10계명이에요.

1. 내 맘에 꼭 맞는 작은 노트를 준비한다.
2. 감사할 일이 생기면 언제 어디서든 기록한다.
3. 아침에 일어날 때나 저녁에 잠자리에 들 때 언제든
    하루를 돌아보며 감사할 일을 찾아 기록하는 시간을 갖는다.
4. 거창한 감사 거리를 찾기보다
    일상의 소박한 일을 놓치지 않는다.
5. 사람을 만날 때 그 사람으로부터 받은 느낌,
    만남이 가져다준 기쁨 등을 기록한다.

6. 교회나 학교에서 '감사 일기 쓰기 모임'을 만들어 함께 쓴다.
7. 버스에 있거나 혼자 공공장소에 있을 때
   그동안의 감사 목록을 훑어본다.
8. 정기적으로 감사 기록을 나누고 격려한다.
9. 나의 감사 목록이 어떻게 변하고 있는지 지켜본다.
10. 카페나 정원 등 나만의 조용하고 편안한 장소를 골라
    자주 그곳에 앉아 감사 일기를 쓴다.

감사 일기 쓰기를 어렵게 생각할 필요 없어요. 그날 하루 일어난 일 가운데 감사할 일 다섯 가지만 찾아서 적으면 돼요. 예를 들어 오프라 윈프리는 다음과 같이 하루 감사 일기를 적었어요.

오늘도 거뜬하게 잠자리에서 일어날 수 있어서 감사합니다.
유난히 눈부시고 파란 하늘을 보게 해주셔서 감사합니다.
점심 때 맛있는 스파게티를 먹게 해주셔서 감사합니다.
얄미운 짓을 한 동료에게 화내지 않았던 저의 참을성에
감사합니다.
좋은 책을 읽었는데, 그 책을 써준 작가에게 감사합니다.

이런 식으로 그날 하루 일어났던 지극히 일상적인 일 가운데서 감사한 내용을 일기로 적으면 돼요.

감격 노트를 쓰는 것도 좋은 방법이에요. 지금까지 내 삶에서 가장 행복했던 순간, 가장 재미있었던 기억, 가장 사랑했던 대상, 가장 즐거웠던 경험, 가장 기뻤던 사건, 가장 고마웠던 사람을 노트에 적어보는 거예요. 그러다 보면 내가 무엇을 하고 살 때 가장 행복하고 재미있었는지 알게 되죠. 또 그것을 기초로 내가 무엇을 하고 살아야 행복하고 재미있는 삶을 살 수 있을지, 무엇을 위해 살아야 행복하고 재미있을지, 어떻게 사는 것이 나도 행복하고 너도 행복하고 우리 모두를 행복하고 유익하게 하는 삶인지 구체화할 수 있어요. 그렇게 구체화된 목적, 그게 바로 자신의 꿈이고 삶의 가치관이에요. 인생에 주어진 의무는 오직 행복뿐이에요. 다음의 이야기를 거울삼아 자신의 꿈을 설계하도록 하도록 해봐요.

원음사라는 절이 있었어요. 절 문 대들보 위에 거미 한 마리가 줄을 치고 살았는데, 매일 향불을 맞고 부처님의 가르침을 듣다 보니 부처님의 성품을 갖게 되었어요. 어느 날 부처님께서 친히 오셔서 거미에게 물었어요.

"세상에서 무엇이 가장 진귀하다고 생각하느냐?"

거미가 대답했어요. "세상에서 가장 진귀한 것은 '얻지 못한 것'과 '이미 잃은 것'입니다."

부처님은 고개를 끄덕이곤 떠나갔어요.

천 년이 지난 어느 날, 바람이 크게 불면서 감로(甘露: 단 이슬) 한 방울이 거미줄에 떨어졌어요. 감로를 보는 거미의 마음은 즐겁기 짝이 없었어요. 3천 년을 살면서 가장 즐거운 날인 것 같았어요. 그런데 갑자기 다시 큰 바람이 불면서 감로가 날아갔어요.

그 순간 부처님이 다시 오셔서 거미에게 예전처럼 물었어요. 거미도 예전과 같이 대답했어요. 부처님이 다시 말했어요. "좋다. 네가 그리 알고 있으니 너를 인간 세상에 내려보내주마."

거미는 사람으로 환생해 어느 부잣집 아가씨로 태어났어요. 부모는 그녀에게 거미 주(蛛) 자를 써서 주아라는 이름을 지어주었죠. 주아는 아름답고 예쁜 소녀로 자라났어요.

어느 날 주아가 부모와 함께 절로 불공을 드리러 갔다가 장원급제를 한 총각 감록을 만났어요. 감록은 주아가 거미였을 때 거미줄에 떨어진 감로가 환생한 총각이었어요. 이를 알아본 주아가 말했어요.

"감록아, 혹시 16년 전에 원음사 거미줄에서 있었던 일이 기억나지 않니?"

감록이 대답했어요. "주아야, 너는 참 예쁘고 귀엽게 생겼구나. 그런데 상상력이 너무 풍부한 것 같아." 그러면서 어머니와 함께 가버렸어요.

집에 돌아온 주아는 부처님이 이미 연분을 맺어주었는데 감록이 왜 그 일을 기억하지 못하는지 알 수 없었어요. 며칠 뒤 황제는 조서를 내려 감록은 장풍 공주와 혼인을 하고, 주아는 지초 태자와 결혼하라고 했어요. 청천벽력 같은 소식에 주아는 앓아누운 채 먹지도 마시지도 못했어요. 주아가 다 죽어간다는 소식을 듣고 지초 태자가 부랴부랴 달려왔어요. "아가씨를 한 번 보고 첫눈에 반해 아버지에게 사정사정해서 겨우 결혼 승낙을 받았어요. 아가씨가 죽는다면 나도 같이 죽을 거예요."

그러면서 지초 태자는 검을 빼들고 자살하려고 했어요.

그 순간 부처님이 오셨어요. 그리곤 죽기 직전의 주아에게 말했어요.

"거미야, 누가 감로를 이곳으로 데리고 왔는지 아느냐. 바람(장풍 공주)이다. 그러므로 결국 바람이 데려갈 것이다. 하지만 지초 태자는 그 당시 원음사 절 문 앞의 작은 풀로서 3천 년 동안 너를 지켜봤고 3천 년 동안 너를 기다렸다. 그러나 너는 단 한 번도 고개 숙여 그 풀을 본 적이 없단다. 거미야, 다시 한 번 묻는데, 세상에서 가장 진귀한 것이 무엇이냐?"

모든 사실을 알고 난 거미는 문득 깨달았어요.

"부처님, 세상에서 가장 진귀한 것은 '얻지 못한 것'과 '이미 잃은 것'이 아니에요. 세상에서 가장 진귀한 것은 지금 붙잡을 수 있는 행복이에요."

거미의 말이 끝나기 바쁘게 부처님은 떠나갔어요. 주아의 영혼이 제자리로 되돌아와서 보니 지초 태자가 막 칼로 자살하려고 하고 있었어요. 주아는 재빨리 검을 쳐서 떨어뜨렸어요. 그리고 지초 태자를 꼭 껴안았어요.

희망을 가져라. 희망의 결과는 행복이니라. 저 새들까지도 언제나 바라면서 그 희망에 충만해 있으니 비록 그것은 멀고 오래되어도 끝내 희망은 이루어지리라. _『본생경』

우리에게도
미래가 있을까요?

저는 고등학생인데요, 이 사회를 생각하면 한숨이
나오곤 합니다. 한참 공부에 집중해야 할 학생이 무슨 소리냐고
물을지도 모르겠지만, 제 생각에는 우리 사회가 어른들이
만들어놓은 이상한 틀에 틀어박혀 돌아가는 것 같아요.
학교라는 제도도 그렇고, 입시도 그렇고, 취직도 그렇고,
나아가선 주택 구입이나 결혼·양육·노후 문제 등도
마찬가지인 것 같아요. 아예 저희들한텐 선택권이라는 게 없고
태어나서부터 죽을 때까지 쭉 경쟁에만 내몰리게 만들어놓은
사회에서 마지못해 사는 게 아닌가 싶어요. 겉으로는 청소년들에게
남다른 꿈을 꿔보라고 말하지만, 정작 모든 것을 점수로
환산해 기준을 매기고, 그 기준에서 조금이라도 떨어지면
문제아로 낙인찍고 있어요. 남다른 교육열에 불타는
기이할 만큼 이상한 경쟁에 우리 청소년들을 몰아넣은 것도
이 사회와 어른들 아닌가요?
따지고 보면 그래서 학교 여기저기서 문제가 터지는 거예요.
이런 사회에서 앞으로 어떻게 살아가야 할지,
생각하면 벌써부터 한숨만 나옵니다.

먼저
틀에서 자유로워지세요.

도둑에게서도 배울 점이 있다고 해요. 자신의 일을 성취하기 위해 어떠한 시련과 위기도 견뎌내며, 아주 적은 소득에도 목숨을 걸 줄 알 뿐만 아니라 자신이 하는 일에 항상 최선을 다하기 때문입니다. 성공한 삶, 행복한 삶을 살기 위해서는 이처럼 지금 자신이 하는 일이 무슨 일인지, 왜 하고 있는지를 잘 알고 그것에 최선을 다해야 해요. 학생은 그걸 소홀히 하고 있는 것 같아요. 다음의 이야기가 도움이 될 거예요.

알은 젊었을 때 유명한 화가이자 도예가였어요. 그에게는 아내와 두 명의 훌륭한 아들이 있었어요. 어느 날 밤, 큰아들이 심한 복통을 호소했어요. 그러나 알 부부는 단순한 배탈로 여기고 별다른 조치를 취하지 않았어요.

그날 밤 큰아들은 죽고 말았어요. 사실은 급성 맹장염을 앓았던 거죠. 그 충격 때문인지 얼마 뒤 그의 아내마저 여섯 살밖에 안 된 둘째 아들을 남겨두고 집을 나가버렸어요.

두 가지 비극이 안겨다준 심한 고통과 상처로, 알은 비참한 날을 보냈어요. 날마다 술에 의지해 생활했고, 급기야 알코올 중독자가 되기에 이르렀어요. 가정과 집, 자신이 만든 미술작품 등 모든 걸 하나둘씩 잃어가던 알은 십여 년 뒤 샌프란시스코의 어느 허름한 여인숙에서 혼자 쓸쓸히 생을 마쳤어요. 알의 죽음을 전해들은 보비 기이는 아무것도 남기지 못한 채 허무하게 인생을 소비한 그에게 경멸 비슷한 감정을 느꼈어요. 보비 기이는 생각했어요. '얼마나 큰 손실인가! 그야말로 헛되게 낭비한 삶 아닌가!'

하지만 세월이 흐르면서 보비 기이는 그 가혹한 평가를 수정하지 않을 수 없었어요. 혼자 남은 알의 아들 어니가 어느덧 어른이 된 거죠. 어니는 보비 기이가 알고 있는 사람 중에서 가장 친절하고, 선량하고, 사랑이 넘치는 사람이었던 거예요. 어니와 그의 자녀들 사이엔 항상 활기와 사랑이 넘쳐나고 웃음이 멈추지 않았어요. 보비 기이는 어니의 그런 애정이 어디서 오는 건지 늘 궁금했어요. 어느 날 보비 기이는 용기를 내 어니에게 물었어요.

"어니. 나는 이해할 수 없는 것이 있다네. 내가 알기로 자네를 키운 사람은 자네 아버지 알 혼자네. 도대체 알코올 중독자인 자네 아버지가 어떤 방법으로 자네를 키웠기에 이토록 훌륭한 사람이 되었는가?"

어니는 잠시 생각에 잠겼어요. 그러더니 입을 열었어요.

"제가 아주 어렸을 때부터 대학에 가기 위해 집을 떠날 때인 열아홉 살 때까지 아버지는 매일 밤 잠자리에 들기 전에 제게 키스를 해주며 이렇게 말씀하셨습니다. '애야, 난 널 사랑한다.' 그것이 전부입니다."

알의 인생을 완전한 실패작으로 평가했던 보비 기이는 자신의 어리석음을 깨닫고 자신도 모르게 눈물을 흘렸어요. 비록 물질적으론 세상에 아무것도 남기지 못했지만 알은 가슴 깊이 사랑을 간직한 아버지였을 뿐만 아니라, 세상에서 가장 선하고 훌륭한 아들을 남겼던 거예요.

배움은 특별한 게 아니에요. 우리가 이미 알고 있는 것을 발견하고, 그걸 실천해 보이는 것이에요. 인간은 모두 서로 가르치는 사람이자 행동하는 존재이거든요. 학교라는 제도는 그것을 좀 더 체계적이고 합리적으로 일깨워주는 장소이고요.

학생에게 필요한 건 창조적인 삶이에요. 녹음기처럼 단순히 반복되는 학교생활과 일상이 짜증날 수도 있어요. 그러나 그 속에도 반드시 배워야 할 내용이 있고, 해야 할 일이 있고, 창조적으로 개선해야 할 일이 있어요.

창조적인 삶이란 화가나 음악가나 발명가처럼 세상에 없는 것을 새롭게 만들어내는 게 아니에요. 그것은 능력일 뿐이에요. 창조적인 삶은 오히려 자기 주도적으로 사는 것을 말해요. 학생 안에는 자기 자신도 놀라울 만큼 행복하고, 그 무엇으로도 파괴할 수 없는 학생 고유의 어떤 성질을 가지고 있어요. 그것을 발견해서 밖으로 드러내는 것이 창조적인 삶이에요.

개미 쳇바퀴 돌듯 돌아가는 현재 사회를 보면서 미래가 없다고 느끼는 것은 어쩌면 당연해요. 정해진 규정과 관습과 전통과 패턴에 따라 똑같이 반복되는 사회가 못마땅할 수도 있어요. 그러나 그런 상태라고 해서 도둑이 도둑질을 할 수 없는 건 아니에요. 건축가가 지을 건물이 없고, 화가가 그릴 풍경이 없고, 음악가가 작곡할 노래가 없진 않아요. 오히려 평범하고 엉망진창인 현장 속에서 창조적인 행위가 가능해요. 스티브 잡스처럼 창조적인 삶을 산 사람이 빛을 발하는 것도 그 때문이죠.

온고이지신(溫故而知新)이라는 말이 있죠. 창조적 삶은 오히려 헌것에서 새것을 발견하고, 새것으로 새것을 만나는 삶이이에요. 그럴 때 비로소 현재 사회의 모순과 불합리가 새것으로 다가오며, 그때 비로소 입시, 취직, 주택 구입, 결혼, 양육, 노후 문제는 물론, 그로 인해 발생하는 모든 작용과 반작용, 예를 들어 불행, 불평등, 전쟁,

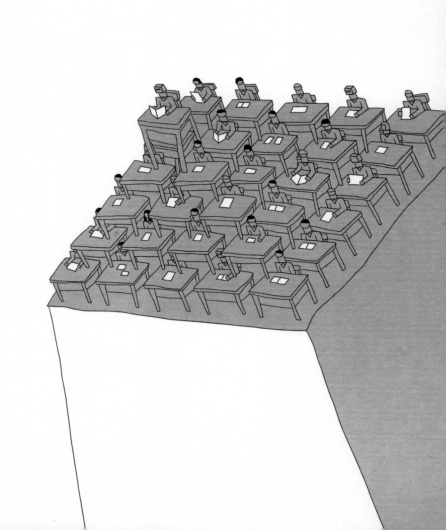

기아, 재앙, 이념적 충돌 등의 문제를 이해할 수 있어요.

지금까지의 낡은 사회방식과 갈등이 계속 되풀이된다면 저도 견딜 수 없을 거예요. 하지만 그것으로부터 자유로워지면 우리는 얼마든지 새것으로 새것을 만날 수 있어요. 그러기 위해선 받아들임과 믿음이 중요해요. 종교가 단순한 믿음이 아니듯이 헌것에서 새것을 발견해낸다는 믿음도 단순한 것이 아니에요. 그것이야말로 최고로 창조적인 삶의 형태예요. 나라는 생각에서 자유로워진 상태, 그래서 어떠한 상태에서라도 자기 주도적인 삶을 살 수 있는 상태가 바로 창조적인 삶이에요.

이 세상에 별개의 존재, 제삼의 존재는 없어요. 미래에는 오직 불확실성만 존재하고, 따라서 그 불확실성 때문에 고민하고 걱정하는 것은 참으로 어리석은 일이에요. 우리 모두가 함께할 수 있는 행복, 우리 모두가 함께 좋아질 수 있는 유익함을 찾아나가는 것이 삶의 절대적 가치이고 절대적 목표예요.

부처님께서도 "세상에는 우수한 말[馬], 좋은 말, 용렬한 말, 우둔한 말 등 네 종류의 말이 있다"며 사람에게도 그와 같이 네 종류의 인생이 있다고 말씀하셨어요.

첫째 종류의 사람은 끊임없이 변화하는 세상과 생명의 무상한 생멸 현상을 보고 정신을 차려 힘써 정진하며 새로운 생명을 창조하기 위해 노력하니 이들은 우수한 말과 같다. 둘째 종류의 사람은 뜨고 지는 해와 달, 피고 지는 꽃을 보면서 생명의 무상함을 깨닫고 제때에 자신에게 채찍질해 태만하지 않으니 좋은 말과 같다. 셋째 종류의 사람은 자신의 친족과 가까운 친구들이 겪는 죽음의 고통과 육신의 훼멸, 고달프고 초라한 인생과 육친 간의 이별의 고통을 보고서야 비로소 두려움을 느끼고 생명을 소중히 여긴다. 그는 마치 용렬한 말과 같다. 넷째 종류의 사람은 병마가 몸에 침습해 몸을 구성하는 네 가지 요소가 흩어져 바람 앞의 등불과 같아졌을 때에야 비로소 허송세월하면서 세상을 헛살았음을 통탄하니 이들은 뼈를 찌르는 아픔을 느끼고 나서야 질주하는 우둔한 말과 같아서 후회해도 이미 때가 늦은 것이다.

우리는 당연히 첫 번째 말과 같은 삶을 살아야겠지요.

오늘의 나는 지난날 내 행동의 결과이니, 나는 내 행동의 상속자이다.
_「아함경」

시험을
망쳤습니다

———

저는 제가 공부를 잘한다고 생각했어요.
그런데 수능 성적이 기대보다 훨씬 못 미친 겁니다.
부모님도 기대를 많이 하셨는데, 원래 가려고 했던
대학에는 원서도 못 넣을 정도로 시험을 망쳤습니다.
부모님께 자랑스러운 자식이 되고 싶었는데 한 번
망친 시험을 되돌릴 수도 없고 그냥 한숨만 나옵니다.
제 자신한테도 어찌나 실망스럽던지 시험 보고 나서
지금까지 얼마나 많이 울었는지 모르겠습니다.
저한테 이런 일이 생길 줄은 꿈에도 몰랐어요.
노력을 안 한 것도 아니고 그야말로 공부에 미친 사람처럼
계속해서 공부만 했는데 이럴 수가 있나요. 스트레스가
심하다 보니까 사소한 일에도 화가 나고,
사람들과 얼굴 보고 이야기하는 것도 싫습니다.
재수할 의욕도 없고요.
제 인생이 완전히 잘못되어버린 것 같은 느낌입니다.

삶에서 결코
두 번째 화살을 맞지 마세요.

어떤 진리에도 머물지 말라는 말이 있어요. 언젠가는 그 진리가 자신을 오랏줄처럼 묶을 수도 있으니까. 그러므로 진리에 회의를 느낄 땐 오히려 슬퍼하지 말고 감사히 여기라 했어요. 그 회의가 자신을 자유롭게 해주니까요. 인생은 참으로 불가사의해요.

한 나그네가 들길을 가고 있었어요. 그런데 꼬리에 불이 붙은 사나운 코끼리 한 마리가 갑자기 달려들었어요. 죽을힘을 다해 도망치던 나그네는 우물을 발견했어요. 다행히 우물가엔 등나무넝쿨 한 줄기가 우물 안으로 뻗어 있었어요. 나그네는 등나무넝쿨을 타고 우물 속으로 내려갔어요.
우물 안은 더 위험했어요. 위쪽으로는 검은쥐와 흰쥐 두 마리가 번갈아가며 넝쿨을 갉아먹고 있었고, 우물 안 벽에는 독사 네 마리가 혓바닥을 날름거리고 있었으며, 바닥에서는 무서운 독룡이 나그네가 떨어지기만을 기다리며 입을 쫙 벌리고 있었죠. 놀란 나그네는 다시 밖으로 나가기 위해 위를 쳐다보았어요. 그러나 사나운 코끼리가 기다리고 있는 데다, 들불로 자욱한 연기가 일어 나갈 수가 없었어요.

그런데 마침 머리 위에 있는 벌집에서 맛있는 꿀이 떨어졌어요. 나그네는 두려움도 잊고 벌집에서 떨어지는 꿀을 맛있게 받아먹었어요.

『비유경』이라는 부처님 책에 나오는 이야기예요. 여기서 나그네는 인생을 말해요. 끝없는 들판은 무명의 긴 세월을, 코끼리는 무상함을, 우물은 삶과 죽음을, 등나무넝쿨은 생명줄을, 흰쥐와 검은쥐는 낮과 밤을, 네 마리 독사는 우리 몸을 이루고 있는 네 가지 요소인 흙과 물과 불과 바람을, 꿀은 인간의 다섯 가지 욕망인 재물욕, 애욕, 음식욕, 명예욕, 수면욕을, 벌은 삿된 생각을, 들불은 늙고 병듦을, 독룡은 죽음을 각각 상징하죠. 여러분이 나그네라면 그런 상황에서 어떻게 하겠어요? 두려움을 극복하고 도망쳐 나오겠어요? 아니면 꿀에 취해 무서움도 잊고 달콤한 시간에 빠져 있겠어요?

인생은 나무 계단과도 같아요. 나무 계단에는 계단을 만들 때 쓰던 날카로운 못도 떨어져 있고, 망치도 있고, 가시도 있고, 낡아서 구멍이 뚫려 있기도 해요. 그래도 우리는 나무 계단을 올라가야 해요. 날카로운 못과 가시를 피해 망치도 치우고 낡은 구멍을 비껴서 한

층 한 층 올라가야 해요. 못과 가시와 구멍이 무서워 주저앉는다는 것은 죽음을 의미하니까요. 그것들은 우리를 약간 힘들게 만들 뿐이죠. 오르고 올라야 하는 것이 인생 계단이니까요.

여기서 묻고 싶네요. 인생의 목적은 무엇인가요? 돈인가요? 명예인가요? 사랑인가요? 성취인가요? 안락함인가요? 여러분의 현재 상황은 무엇인가요? 죽을 상황에서도 죽을 줄 모르고 벌집에서 떨어지는 꿀을 기다리고 있나요?

역설적이게도 뇌 과학자들은 채찍이 당근보다 강하다고 했어요. 우리의 뇌는 접근보다는 회피에 특화되어 있기 때문이라는 거예요. 즉, 부정적인 경험이 긍정적인 경험보다 인간의 생존에 훨씬 더 큰 영향을 미치고 있다는 거예요. 신경심리학자인 릭 핸슨과 리처드 멘디우스는 다음과 같은 예를 들고 있어요.

7천만 년 전, 공룡이 살던 쥐라기에 처음 나타난 포유류의 조상을 생각해보자. 끊임없이 주위를 살피며 덤불이 바스락거리는 소리에도 상황에 따라 숨거나, 달아나거나, 맞서 싸울 준비가 되어 있었을 것이다. 이러한 상황 속에선 먹거리, 짝짓기 같은 당근은 놓치더라도 다음 기회가 있다. 그러나 포식자 같은 채찍을 피하지 못하면 다음의 당근을 기대할 기회는 영영 찾아오지 못했을 것이다. 살아남아 우리에게 유전자를 물려준 개체들은 그 대가로 부정적 경험에 대한 엄청난 주의를 유전자에 심어놓았다.

우리의 뇌는 이처럼 긍정적인 경험보다 부정적인 경험을 훨씬 더 크게, 그리고 깊게 감지하고 인식해요. 수능시험을 망쳐서 낙담하는 것은 당연해요. 하지만 그것이 현실에 대한 회피 수단이나 구실이 되어서는 안 돼요. 부정적인 기억은 우리를 염세주의자로 만들거나 더욱더 부정적인 방향으로 이끌기 때문이죠.

더 위험한 건 부정적인 감정은 더욱 다양한 방식으로 괴로움을 야기한다는 거예요. 부정적인 경험과 기억은 우리의 뇌를 부정적으로 자극하고, 그런 자극이 분노, 슬픔, 죄책감, 수치심, 우울 등의 부정적인 감정으로 나타나 현재의 가능성을 낮춘 채 실패와 상실을 강조하거든요. 그리고 그게 심할 경우 극단적인 행동으로 이어지는 것이고요. 한마디로 이게 현실도피죠.

부처님 말씀에 '두 번째 화살을 맞지 마라'라는 말이 있어요. 『잡아함경』이라는 부처님 책에 나오는 말이에요. 인간은 살아가면서 누구나 외부 세계에서 날아온 첫 번째 화살을 맞게 되어 있어요. 그러나 두 번째나 세 번째 화살은 얼마든지 맞지 않을 수 있어요. 우리가 두 번째 화살을 맞는 것은 욕심과 성냄과 고집 때문이에요. 내가 열심히 공부했는데 성적이 기대보다 훨씬 못 미치게 나왔다는 욕심, 분노, 집착이 자신을 괴롭히는 거예요. 스스로 자신에게 두 번째 화살을 쏘는 거지요. 욘게이 밍규르 린포체는 그래서 말했어요. "내 마음의 괴로움을 의식하고 깨어 있을 것인가, 괴로움에 지배당할 것인가, 행복은 궁극적으로 이들 중 무엇을 선택할 것인가에 달려 있다"고. 첫 번째 화살은 분명히 아파요. 그러나 그 아픔에 어떻게 반응하느냐는 우리 자신에게 달렸어요. 두 번째 화살을 맞지 않는 방법에 대해 부처님께서는 다음과 같이 일러주셨어요.

"만약 괴로움이 없었다면 여래는 출가하지 않았을 것이며, 수행도 하지 않았을 것이며, 깨달았어도 법을 설하지 않았을 것이다."
"세존이시여, 누구나 괴로운 느낌과 즐거운 느낌을 느껴 알고 있는데, 진리의 가르침을 받은 제자와 그렇지 않은 제자의 차이는 무엇입니까?"
"어리석은 이는 어떤 대상을 접하고 거기에 대하여 괴롭고, 즐겁고, 혹은 괴롭지도 즐겁지도 않다는 느낌을 갖는다. 그다음 그것에 대해 슬퍼하고 눈물 흘리며 원망하고 울부짖는다. 그러나 지혜로운 이는 어떤 느낌을 갖더라도 근심, 슬픔, 원망, 울부짖음 같은 증세를 보이지 않는다. 그것은 괴롭다거나, 즐겁다고 하는 느낌에 더 이상 집착하지 않고 얽매이지 않기 때문이다. 비유하면 어떤 사람이 첫 번째 화살은 맞으나, 두 번째 화살은 맞지 않는 것과 같다.”

해리 포터 시리즈를 쓴 작가 조앤 롤링을 잘 알거예요. 조앤 롤링이 해리 포터를 쓸 수 있었던 것도 바로 두 번째 화살을 맞지 않았기 때문이죠. 대학을 졸업한 조앤은 비서직에 취직했는데, 항상 뭔가를 끄적거리며 공상하는 습관 때문에, 자신의 말처럼 '비서로는 아주 꽝'이었다고 해요. 결국 직장에서 해고된 그녀는 궁여지책으로 맨체스터에 있는 회사에 취직하는데, 바로 집과 맨체스터를 오가는 기차 안에서 '세기의 영감'이라 부를 만한 해리 포터의 영감을 떠올렸죠. 그 무렵 조앤은 방송기자인 남편을 만나 결혼한 뒤 다음해에 딸을 낳아요. 하지만 성격과 가치관 차이로 3년도 못 가 파경을 맞죠. 그때부터 조앤 롤링은 정부 보조금으로 살아가며 잠든 딸을 옆에 두고 해리 포터를 써내려갔어요. 하지만 해리 포터가 처음부터 성공한 건 아니에요. 원고가 완성되자 조앤은 무려 열두 군데의 출판사에 원고를 보냈지만 다 퇴짜를 맞았어요. 우여곡절 끝에 1997년에 첫 권

『해리 포터와 마법사의 돌』이 나왔죠. 그런데 이 책에 대한 호평이 입에서 입으로 서서히 전해지면서 몇 달도 되지 않아 전 세계 출판 업자들로부터 문의 전화가 쇄도했어요. 그리고 조앤 롤링은 가난한 무명작가에서 하루아침에 세계 최고의 갑부 반열에 드는 작가가 되었죠. 조앤 롤링은 해고와 이혼이라는 첫 번째 화살을 차례로 맞았지만 두 번째 화살은 맞지 않았고, 그래서 꿈을 이룰 수 있었던 거예요. 그녀는 자신이 두 번째 화살을 맞지 않은 비결을 이렇게 밝혔어요.

"무명 시절, 나는 실업자에 이혼녀였지만 비관하지 않았다. 글을 쓰고 있노라면 마음이 저절로 명랑해져서 무일푼인 것도, 남편과 헤어진 것도 상관없었다. 내가 겪은 시련이 줄거리에 영향을 미치지도 않았다. 그 이야기는 내 어린 시절 상상의 세계에 깊숙이 뿌리내리고 있기 때문이다."

수능시험 좀 잘 못 봤다고, 그래서 원하는 대학에 못 갔다고, 더 이상 좌절하고 있으면 안 돼요. 위기가 기회라는 말도 있듯, 이번 경험을 통해 조앤 롤링처럼 더 큰 창조적인 삶을 살면 돼요. 지혜와 어리석음은 모두 자신에게 달려 있으니까요.

친구가
자살을 하려고 해요

___

친구네 가정 형편이 안 좋습니다.

재혼 가정이어서 스트레스도 크고, 가족끼리 사이가 안 좋아

여러 가지로 영향을 받는 것 같아요.

학교에서도 거의 왕따입니다. 저는 다른 반이라서

친구를 도와줄 수도 없어요.

언젠가 한번은 저한테 심각하게 이야기하면서,

자기가 자살을 생각한 지 몇 개월이나 되었다고 하더군요.

새아빠가 거의 매일 제 친구를 욕하고 때린다고 해요.

보니까 몸 여기저기에 상처가 가득하더라고요.

설상가상으로 학교에서도 괴롭힘을 당하고.

힘든 줄은 알고 있었지만 그 정도까지인 줄은 몰랐어요.

더 이상 살기 싫다고 하는데,

저한테 무슨 힘이 있는 것도 아니고

어떻게 해야 그 친구를 도울 수 있을까요?

진정한 공감은
어떤 고통도 녹여낼 수 있어요.

우리 모두는 행복해지기 위해 이 세상에 왔어요. 예수도 부처도 공자도 소크라테스도 그렇게 가르쳤어요. 하지만 많은 사람들이 행복하게 살지 못해요. 대부분 마음의 조화가 깨졌기 때문이에요. 친구가 심각하게 자살을 고민하는 것도 마음의 조화가 완전히 깨져버렸기 때문이죠. 친구 스스로 마음의 조화를 되찾지 않고선 그 누구도 친구의 고민을 해결해주지 못해요. 다만 학생은 친한 친구로서 친구가 마음의 조화를 되찾을 수 있도록 가까이서 지켜봐주고 사랑과 연민의 마음으로 감싸 안아주면 돼요. 그게 친구에게 해줄 수 있는 최상의 보시이자 선물이에요.

가난한 여인이 있었어요. 여인은 너무나 가난했기 때문에 이 집 저 집 구걸하러 다니며 밥을 빌어먹고 있었어요. 하루는 온 성안이 떠들썩했어요. 궁금한 여인이 사람들에게 물었어요.

"성안이 왜 이렇게 떠들썩하지요?"

"왕이 앞으로 석 달 동안 부처님과 제자들을 위해 옷과 음식과 침구와 약을 공양하고, 오늘 밤엔 수십만 개의 등불을 밝혀 복을 비는 연등회를 연답니다. 그래서 성안이 북적거리는 거예요."

그 말을 들은 여인은 생각했어요.

'왕은 참 많은 복을 짓는구나. 그런데 나는 아무것도 가진 게 없으니 어떻게 할까? 등불이라도 하나 켜 부처님께 공양을 올리고 싶은데…….'

여인은 지나가는 사람들에게 구걸해 동전 두 닢을 마련했어요. 그리고 그걸로 기름을 사러 갔어요. 기름집 주인이 물었어요.

"어디에 쓰려고 기름을 사우?"

여인이 대답했어요.

"세상에서 가장 위대한 부처님을 만나 뵙기가 얼마나 어려운 일입니까? 그런데 오늘밤 부처님을 뵐 수 있다니 참으로 기쁜 일입니다. 하지만 저는 가난해서 아무것도 드릴 것이 없어 대신 등불이라도 하나 켜 부처님께 바치려고 합니다."

여인의 말을 들은 가게 주인은 감동해서 기름을 곱절이나 주었어요. 여인은 그 기름으로 등불을 켠 뒤 부처님이 다니시는 길목에 걸어두고 마음속으로 빌었어요.

'부처님, 저는 가난한 처지라 이 작은 등불로 부처님께 공양할 뿐입니다. 비록 보잘것없는 등불이지만 이 공덕으로 다음 생에는 지혜의 광명을 얻어 모든 중생의 어둠이 사라지게 해주소서.'

밤이 깊어지자 다른 등불은 모두 꺼졌어요. 하지만 여인의 등불만은 꺼지지 않고 환히 빛나고 있었어요. 등불이 다 꺼지지 않으면 부처님께서 주무시지 않는다는 것을 알고 있는 한 제자가 부처님께서 주무실 수 있도록 여인의 등불을 손으로 끄려 했어요. 그런데 웬일인지 꺼지지가 않았어요. 옷자락으로 끄려 해도 꺼지지 않고, 부채로 끄려 해도 꺼지지 않았어요.

부처님께서 그걸 보고 제자에게 말했어요.

"제자야, 부질없이 애쓰지 마라. 그것은 가난하지만 착한 여인이 넓고 큰 서원과 정성으로 켠 등불이니 결코 꺼지지 않을 것이다. 그 공덕으로 여인은 다음 생에 반드시 부처가 될 것이다."

그 말을 전해 들은 왕은 부처님께 나아가 여쭈었어요.

"부처님이시여, 저는 석 달 동안이나 부처님과 제자들에게 큰 보시를 하고 수십만 개의 등불을 켰습니다. 저에게도 미래의 수기(受記: 내생에 부처가 되리라는 예언)를 내려주시

옵소서."

부처님께서 대답했어요.

"불법이란 그 뜻이 매우 깊고 넓어 헤아리기 어렵고, 알기 어려우며, 깨닫기도 어렵소. 그것은 하나의 작은 보시로도 얻을 수 있지만, 백만금 천만금의 보시로도 얻기 힘든 경우가 있소. 그러므로 불법을 바르게 깨달으려면 먼저 이웃에게 여러 가지로 베풀어 복을 짓고, 좋은 친구를 사귀어 많이 배우며, 스스로 겸손하여 남을 존경할 줄 알아야 합니다. 자신이 쌓은 공덕을 내세우거나 자랑해서는 안 됩니다. 그리하면 훗날 반드시 깨달음을 얻을 것입니다."

『근본설일체유부 비나야약사』라는 부처님 책 중에 나오는 이야기예요. 학생의 고민을 듣다 보니 문득 학생이 가난한 여인과 같다는 생각이 들어요. 학생이 그런 갸륵한 생각을 갖고 있는 것만으로도 친구는 참 행복할 거예요.

인간의 삶은 욕구의 연속이에요. 사람은 욕구를 실현하기 위해 산다고 해도 과언이 아니고요. 생리 욕구부터 자아실현 욕구까지 인간의 욕구는 참으로 다양해요. 인간의 욕구에 대해 가장 잘 정리해놓은 것이 에이브러햄 매슬로의 욕구단계설이에요.

매슬로는 인간의 욕구를 5단계로 나누었어요. 1단계는 생리 욕구로서 의식주와 성적 욕구 등 가장 기본적인 욕구를 말해요. 2단계는 안전 욕구로서 안전과 보호, 경제적 안정, 질서 등 자기 보전적 욕구를 말해요. 3단계는 사회 욕구예요. 사회적 동물로서 인간은 여러 가지 집단에 소속되고 싶고, 또한 그러한 집단으로부터 받아들여지기를 원해요. 그래서 소속 욕구, 사랑 욕구라고도 해요. 4단계는 존경 욕구예요. 사람은 누구나 자신이 스스로 중요하다고 느낄 뿐만 아니라, 다른 사람들로부터도 그렇게 인정받고 싶은 욕구가 있어요. 지위, 존경, 인정, 명예, 위신, 자존심, 성공 등에 대한 욕구가 그것이에요. 그래서 인정 욕구라고도 해요. 마지막 5단계는 자아실현 욕구예요. 자아성장과 자아실현을 통해 자신의 잠재적 가능성을 실현하려는 욕구예요.

매슬로는 인간의 욕구에도 우선순위가 있다고 보고, 가장 낮은 단계의 욕구인 생리 욕구로부터 가장 높은 단계의 욕구인 자아실현 욕구가 순차적으로 발생한다고 보았어요. 거꾸로 말하면 자아실현을 많이 하고 사는 사람일수록 상대적으로 더 행복하다는 뜻이에요.

학생의 친구는 지금 5단계는 고사하고 1단계부터 흔들리고 있는 위태로운 상황이에요. 삶의 밑뿌리가 흔들리고 있다는 말이에요. 이럴 땐 빨리 상담선생님을 찾아가 상담을 하거나 가족건강심리상담센터에 찾아가 도움을 청하는 것이 좋아요. 학생이 함께 가주면 더욱 좋

겠죠. 그다음에 해야 할 일은 친구가 더 이상 자포자기하지 않도록 옆에서 지켜주고 보듬어주는 일이에요.

매슬로의 욕구단계설로 다시 돌아가보죠. 사람은 일단 생리 욕구와 안정 욕구가 실현되면 자연히 사랑 욕구와 인정 욕구를 추구하고, 사랑 욕구와 인정 욕구가 성취되면 자연히 자아실현 욕구가 발동하게 돼요. 그리고 자아실현 욕구가 발동하면 어떻게든 자아실현이라는 행복을 성취해 더 행복한 삶을 지향하려 하죠. 인생의 궁극적 목표는 결국 자아실현이라는 말과 같아요.

좀 더 행복한 삶을 위해선 자아가 실현되어야 하고, 자아를 실현하기 위해서는 자아실현 욕구가 발동해야 하며, 그러기 위해선 사랑 욕구와 인정 욕구가 해소되어야 하고, 사랑 욕구와 인정 욕구를 해소하기 위해서는 가정과 학교, 직장, 사회에서 충분한 사랑과 인정을 받아야 해요.

지금 시급한 일은 그 친구에게 사랑 욕구와 인정 욕구를 채워줌으로써 마음의 조화를 되찾게 도와주는 거예요. 학생에게 그 친구가 정말 꼭 필요한 친구라는 인식, 네가 있어서 내가 참 편안하고 행복하다는 인식, 네가 아프니까 나도 아프다는 인식, 너는 정말 네 집에서 꼭 필요한 아이라는 인식, 정말 쓸모 있는 친구라는 인식을 가능한 한 많이 심어주는 거예요.

'칭찬은 고래도 춤추게 한다'는 말이 있듯, 친구에게 부담 가지 않는 칭찬을 많이 해주는 것도 친구의 흐트러진 마음을 추스르게 하는 데 아주 좋아요. 고래가 칭찬을 받고 춤을 추는 것은 자신이 사랑과 인정을 받고 있다는 것을 알기 때문이에요. 춤추는 것이 고래에게는 자아실현이거든요.

칭찬이 좋은 이유는 또 있어요. 인간은 정서적으로 여린 존재예요. "널 사랑한다" "네 실력을 인정해" "널 만나면 기분이 좋아" "어쩌면 너는 그렇게 노래를 잘하니? 꼭 가수 같아" 같은 칭찬을 자주 해주면 상대방이 감동하게 돼요. 또 잘 들어주는 것도 도움이 될 수 있어요. 친구의 말을 잘 들어주는 것만으로도 친구의 마음은 편안해지며 고통에서 벗어날 수 있다는 뜻이죠.

친구의 마음에는 지금 불안, 두려움, 공포, 화, 슬픔, 걱정, 격분, 고통, 기쁨, 사랑 같은 여러 가지 감정이 혼재되어 있어요. 그중에서도 부정적인 감정이 마음의 조화를 깨뜨리고 있어요. 그 마음을 잘 들어주면 부정적인 감정이 밖으로 뿜어져 나와 바람 속으로 사라질 수 있어요. 잘 들어준다는 것은 상대방의 감정을 잘 알아주고 상대방의 정서를 공유하는 것을 의미해요. 특히 말하는 도중 상대방의 손을 잡거나 어루만지거나 등을 쓰다듬거나 어깨를 토닥여주면 효과가 한층 배가돼요. 친밀한 신체적 접촉은 마음을 안정시키는 효과가 있거든요.

그런데 주의할 점이 있어요. 어떠한 경우에도 충고나 해결책을 제시하는 것은 금물이에요. 설혹 상대방이 물어올지라도 그 자리에서는 안 돼요. 모든 것을 있는 그대로 받아들인다는 마음으로 친구의 눈을 지긋이 바라보며 친구의 분노와 고통, 두려움, 공포, 슬픔이 다 흘러나올 때까지 단지 친구의 이야기에만 귀를 기울여주세요. 친구가 슬퍼하면 함께 슬퍼하고, 친구가 울부짖으면 함께 울부짖고, 친구가 기뻐하면 함께 기뻐하며 학생이 친구에게 공감하고 있다는 것을 온몸으로 보여주세요.

시인 롱펠로우는 말했어요. "적의 숨겨진 과거를 읽을 수만 있다면 우리는 그들 각각의 삶에서 그 어떤 적의라도 내려놓게 만들 만큼 가득한 슬픔과 고통을 발견하게 될 것"이라고. 그래요. 진정한 공감과 들어주기는 상대방의 그 어떤 슬픔과 고통도 녹여줄 수 있어요. 학생의 친구도 지금 말로 표현할 수 없는 슬픔과 고통을 마음속에 담고 있어요. 친구가 그것을 밖으로 꺼내 녹여버릴 수 있도록 학생이 옆에서 꼭 껴안아주세요. 그게 친구도 살리고 학생도 사는 길이에요.

자기 자신보다 더 사랑스러운 것이 없고 곡식보다 더 귀한 재물이 없으며 지혜보다 더 밝은 것이 없고 생각보다 더 빨리 변하는 것은 없느니라. ─「잡아함경」

이사한 뒤로
우울증에 시달려요

———

고등학교 1학년이 된 남학생입니다. 요새 우울증이 심해
학교에서든 집에서든 말하기가 싫습니다.
원래 제가 다니던 중학교에 친한 친구가 여러 명 있었는데,
부모님이 제 공부를 위해서라며 갑자기 이사를 해버렸어요.
그래서 전혀 모르는 아이들만 있는 학교에 다니게 되었어요.
부모님 마음을 이해하지 못하는 건 아닙니다.
부모님도 직장이 예전 집에서보다 한참 멀어지는데도
저를 위해 특단의 조치를 내리신 거죠.
그런데 제가 그 사실을 받아들이지 못해 문제입니다.
환경이 백팔십도 바뀌니까 그나마 하던 공부도 하기가 싫고,
아예 반 아이들과는 말도 섞기 싫습니다. 부모님이나 같은 반 친구들이나
다들 이기적인 것만 같아요. 친했던 아이들은 이제 집도 멀어지고
다들 학원 다니느라 바빠 시간을 내 만날 수가 없어요.
그러다 보니 마음속 이야기를 털어놓을 상대가 없고,
이게 우울증으로 번진 듯해요. 증상이 너무 심하니까
부모님은 다시 이사를 가면 되지 않겠냐고 물어보시는데,
한 번 엉킨 실타래가 풀릴 수 있을까요?

바뀐 것은 환경일 뿐,
내 마음이 아니에요.

마음을 다스린다는 것은 쉬운 일이 아니죠. 공무원으로 일하는 스님의 친한 후배 한 명도 몇 년 전 아들을 좋은 고등학교에 보내기 위해 강남의 어느 학교로 강제 전학시켰다가 크게 낭패를 본 적이 있어요. 꽃은 누가 불러주기 전에는 꽃이 아니에요. 노래도 누가 불러주기 전에는 노래가 아니에요. 자신이 불러줘야만 꽃이 되고 노래가 되죠.

젊은 스님이 있었어요. 됨됨이가 질박하고 순진한 스님이었죠. 하지만 너무 어리석고 완고해 큰 공부를 이루지 못했어요. 또한 욕심이 많고 혈기도 왕성해 끓어오르는 음욕을 다스리지 못해 큰 괴로움을 겪고 있었죠.
어느 날, 젊은 스님은 깊은 생각에 잠겼어요.
'그래. 내가 고통을 겪고 있는 것은 내 남성(음경) 때문이야. 이 남성을 끊어 없애버려야 내 마음이 깨끗해져 공부 열매를 얻을 수 있을 거야.'
마을로 내려간 스님은 동네에서 도끼를 빌려 왔어요. 방에 들어간 젊은 스님은 문을 잠근 뒤 옷을 벗고 판자 위에 앉았어요. 스님은 도끼를 집어 들고 다짐했어요.

'이놈의 남성이 나를 항상 괴롭히며 끝없는 시간 동안 삶과 죽음 속을 헤매게 했다. 끊임없는 생 동안 육도윤회(불교에서 사람이 인과응보에 따라 여섯 가지 세계를 윤회하는 것을 말함. 지옥도, 아귀도, 축생도, 아수라도, 인간도, 천상도가 그것이다)를 하면서 헤맨 것도 이 남성 때문이었다. 이것을 잘라버리지 않으면 도저히 도를 얻을 수가 없으리라.'

부처님께서 젊은 스님의 마음을 알아차렸어요.

'도는 마음을 억제하는 데서 얻는 것이다. 그러므로 마음이 근본이다. 그런데 저 젊은 스님은 어리석게도 자신이 죽을 것도 모른 채 자신을 해쳐 고통을 받으려고 하는구나.'

부처님은 젊은 스님의 방 앞으로 갔어요. 그리고 말했어요.

"너는 지금 방 안에서 무슨 일을 하려고 그러느냐?"

젊은 스님은 깜짝 놀라 도끼를 내려놓았어요. 그러곤 서둘러 옷을 입은 뒤, 부처님께 절을 올렸어요.

"네, 부처님. 공부를 시작한 지 오래됐으나 저는 아직까지도 길을 알지 못해 괴롭습니다. 앉아서 명상에 들 때는 곧 도를 얻을 것 같다가도 그만 욕정에 사로잡혀 마음이 설레고 눈이 어두워져서 공부를 얻지 못합니다. 스스로 꾸짖으며 깊이 생각해보니 모든 것이 욕정 때문임을 알았습니다. 그래서 공부를 위해 도끼로 남성을 끊어버리려고 합니다."

"너는 어찌 그리 어리석단 말이냐? 도를 얻으려면 먼저 그 어리석음부터 끊고, 그다음에 마음을 깨끗하게 해야 하느니, 마음이 곧 선악의 뿌리이기 때문이니라. 음욕의 근원을 끊으려거든 먼저 그 마음부터 다스려라. 마음이 먼저 안정되고 생각이 맑아진 뒤에야 큰 공부에 도달할 수 있느니라."

부처님은 말씀을 이었어요.

"어리석음은 모든 죄의 뿌리요, 지혜는 모든 선행의 근원이니라. 먼저 어리석음을 끊어야 생각이 안정될 것이다."

젊은 스님은 몹시 부끄러워하며 스스로를 경책했어요. 그리고 부처님의 가르침대로 마음을 먼저 굳게 지킨 뒤 생각을 다스린 끝에 마침내 공부의 큰 눈을 얻게 되었어요.

『법구비유경』이라는 부처님 책에 나오는 이야기예요. 어떤가요? 학생이라면 그 상황에서 과연 어떻게 하겠어요? 공부를 위해 도끼로 음경을 끊겠어요? 아니면 공부를 포기하겠어요? 이야기를 깊이 새겨들었다면 틀림없이 젊은 스님처럼 도끼를 거두고 다시 정신을 차려 노래를 부르고 꽃을 불러주며 공부를 시작할 거예요.

마음먹는다고 해서 하루아침에 공부가 이루어지는 건 아니에요. 억지로 한다고 해서 공부가 되는 것도 아니고요. 어리석음이 나의 공부를 가로막고 있을 뿐이에요. 맹자의 어머니가 자식 공부를 위해 세 번이나 이사했다는 이야기가 전해지지만, 공부하는 데 꼭 장소가 중요한 것은 아니에요. 어리석음을 씻어낸 젊은 스님이 그랬던 것처럼, 꽃을 꽃으로 불러주고 노래를 노래로 불러주기 위해선 오히려 마음의 평화가 더 중요해요.

학생의 고민대로 타의에 의해 느닷없이 환경이 백팔십도로 바뀌니까 그나마 하던 공부도 하기가 싫고, 아는 친구도 한 명 없으니까 우울증마저 생길 수 있어요. 그러나 더 큰 문제는 바뀐 환경을 받아들이지 못하는 자신의 마음이에요. 바뀐 것은 환경이지 자신이 아니에요. 전학을 오기 이전이나 이후나 자기 자신은 똑같은데, 바뀐 환경을 따라 스스로 마음의 평화를 상실해버린 거예요.

도끼로 음경을 잘라버리고 도를 이루려고 했던 젊은 스님처럼, 그것은 오로지 욕심일 수도 있어요. 공부하기 싫은 마음도 따지고 보면 공부하고 싶은 욕심이고, 이야기를 털어놓을 상대가 없다는 것도 실은 친한 친구들과 만나 놀고 싶다는 욕심이고, 백팔십도로 바뀐 환경을 제대로 받아들이지 못하는 것도 실은 예전에 살던 집에서 좀 더 편하게 살고 싶다는 욕심일 수 있어요. 그 욕심이 우울증이라는 가면을 쓰고 나타났을 수도 있고요. 물론 착하고 여린 마음이 부모

님의 강압으로 인해 큰 상처를 받아서 그럴 수도 있어요. 하지만 그
것조차도 엄밀히 말하면 욕심이에요. 친숙한 환경에서 좀 더 친숙하
고 편하게 살고 싶은 욕심이 새로운 환경을 받아들이지 못하고 부모
님을 원망하는 형태로 나타날 수도 있으니까요.

그것은 또한 옛것에 대한 집착일 수도 있어요. 친숙하고 익숙한 옛
것을 놓치고 싶지 않아 온갖 핑곗거리를 만들어가며 자신도 모르
게 옛것에 집착하고 있는 거예요. 모든 고민은 인간관계에서 비롯해
요. 모든 것은 또한 용기의 문제고요. 그럴 땐 생각 버리기 연습을
하면 좋아요. 어지러운 생각을 멈추고 마음을 한곳으로 모으면 평
화와 함께 바른 마음, 바른 생각이 찾아오죠. 그러기 위해선 바르게
생각하기 훈련부터 해야 돼요. 인간의 뇌는 참 묘해요. '그래서는 안
되는데' '절대로 해서는 안 돼' '이거 생각과는 딴판이잖아' 하고 부정
적으로 생각할수록 인간의 뇌는 그것을 더욱 하고 싶어 해요. 게임
중독이나 도박 중독, 알코올 중독이 대표적인 예이죠. 그래서 바르
게 생각하기 훈련을 끊임없이 하지 않으면 그 반작용으로 우리의 뇌
는 자신도 모르게 점점 더 부정적인 것, 자극적인 것을 찾는 거지요.
바르게 생각하기 훈련은 일상생활에서 얼마든지 적용할 수 있어요.
'요새 우울증이 심해 학교에서든 집에서든 말하기가 싫은데 어떻게
하면 우울증이 개선될까?' ' 부모님께서 내 공부를 위해서라며 갑자
기 이사를 한 탓에 전혀 모르는 아이들만 있는 학교에 다니게 됐는

데 어떻게 하면 학교생활을 잘 할 수 있을까?' '환경이 백팔십도 바뀌니까 그나마 하던 공부도 하기가 싫고 아예 반 아이들과는 말도 섞기 싫은데 어떻게 해야 공부를 즐겁게 하고 아이들과 친하게 말도 섞을 수 있을까?' 하고 긍정적으로 생각하는 거예요. 그게 바르게 생각하기 훈련이에요. 어쩔 수 없는 일에 짜증을 내고 민감하게 반응하는 것은 쓸데없는 에너지 낭비예요. 지금 현재 이 순간에 가장 적절하고 필요한 일, 긍정적인 것만 생각하는 것이 바르게 생각하기이고 인생의 황금률이에요. 삶의 시작이자 목표이기도 하고요.

바르게 생각하기 훈련을 통해 내 마음이 쓸데없는 일에 에너지를 소모하고 있다는 것을 알았으면 이제 그 마음 작용을 바꾸는 일이 필요해요. 그게 생각 버리기 연습이에요. 쓸모없는 생각, 헛된 생각, 필요 없는 생각을 내 마음에서 청소함으로써 마음의 작용을 새롭게 바꾸는 거예요. 예를 들어 전학을 왔는데 같은 반 친구들이 다들 '이기적으로 보인다'고 해요. 그러면 '이기적으로 보인다'에 생각을 집중하지 말고 '같은 반 친구들을 본다'에만 생각을 집중해보세요. 그러면 '이기적으로 보이는' 부분은 점점 사라지면서 '보고 있는 친구'들이 한 명 한 명 또렷하게 살아나 친밀감이 느껴지게 돼요. 이게 쓸모없는 생각을 버림으로써 마음 작용을 바꾸는 훈련이에요.

예를 하나 더 들어볼까요? 갑자기 이사 온 뒤로 친했던 아이들과 멀어진 데다 다들 학원 다니느라 바빠 만날 수 없다 보니 마음속에 있는 이야기를 털어놓을 상대가 없어 '우울증을 느끼고 있다'고 쳐요. 이 경우에도 '우울증을 느끼고 있다'에 방점을 찍지 말고 학원 다니느라 바쁜 '친구들의 마음을 느낀다'에 방점을 찍어보세요. 그러다 보면 학원 다니느라 바쁜 친구들의 모습이 살아나면서 우울증은 잊혀지고 나도 열심히 공부해야겠다는 쪽으로 마음 작용이 바뀔 거예요. 이렇게 쓸데없는 생각은 버리고, 부정적인 생각은 긍정적인 생각으로 전환하고, 수동적인 생각은 능동적인 생각으로 바꾸면 마음 작용이 변하면서 마음에 평화와 생기가 찾아들 거예요. 그때 비로소 꽃을 불러주고 노래를 불러주며 행복한 학교생활을 할 수 있어요. 단, 하루아침에 되는 일은 아니에요. 꾸준한 연습이 필요해요.

그래도 도저히 새 학교가 마음에 들지 않으면 부모님을 설득해 다시 예전 학교로 전학 가면 돼요. 그래서 만나고 싶은 친구도 만나고, 하고 싶은 공부도 더 하면 돼요. 고민하거나 두려워할 필요는 전혀 없어요. 세상은 언제나 옳은 세상이니까.

세상의 즐거움은 뒷날 괴로움이 될 것인데 어찌 그것을 욕심내고 집착할 것이며, 한 번 참아내면 뒷날 영원한 즐거움이 될 것인데 어찌 이를 알고 도를 닦지 않겠는가. —「발심수행장」

사춘기를
극복하는 방법이 있나요?

최근에 저한테 변화가 생겼어요. 일단 학교에 가기가 싫어졌어요.

그래서 학교에 가는 척하고 나와서 아무 데나 쏘다니다 집에 들어가요.

가출한 적도 한 번 있고요. 가족보다는 친구들이 더 좋아요.

엄마랑은 아예 말이 통하지 않아요. 어른이니까 내 말을

들어야 한다는 식으로만 말씀하시죠. 나이가 어려도

논리적으로는 저도 엄마한테 뒤지지 않는다고 생각해요.

그래서 말대꾸를 하면 또 머리가 커져 벌써부터

말대꾸를 한다고 혼내요. 정말 말이 안 통하고

자꾸 저를 억압하려 드니까 집에 가기가 더 싫어집니다.

또 제가 친하게 지내는 친구들이 있는데 자꾸 그런 친구들이랑

놀면 인생을 망친다고 잔소리를 퍼붓곤 해요.

그 친구들이 나중에 어떻게 될지 누가 압니까.

그리고 꼭 부모님 기준에 맞는 친구를 사귀어야 한다는 법이

어디 있습니까. 문득 제가 뒤늦은 사춘기라서

반항을 하는 건가 하는 생각이 들기도 합니다.

만약 사춘기라면 이 고비를 현명하게 넘고 싶은데,

어떻게 해야 할까요?

지금 이 자리에서 두려움과 경이로움을
있는 그대로 받아들이세요.

오래전 어느 수녀가 이렇게 기도했어요. "주님, 주님께서는 제가 늙어가고 있고 언젠가는 정말로 늙어버릴 것을 저보다도 잘 알고 계십니다. 저로 하여금 말 많은 늙은이가 되지 않게 하시고 특히 아무 때나 무엇에나 한마디 해야 한다고 나서는 치명적인 버릇에 걸리지 않게 하소서.

모든 사람의 삶을 바로잡고자 하는 열망으로부터 벗어나게 하소서. 저를 사려 깊으나 시무룩한 사람이 되지 않게 하시고 남에게 도움을 주되 참견하기를 좋아하는 사람이 되지 않게 하소서.

제가 가진 크나큰 지혜의 창고를 다 이용하지 못하는 건 참으로 애석한 일이지만 저도 결국엔 친구가 몇 명 남아 있어야 하겠지요. 끝없이 이 얘기 저 얘기 떠들지 않고 곧장 요점으로 날아가는 날개를 주소서.

제 팔다리, 머리, 허리의 고통에 대해서는 아예 입을 막아주소서. 제 신체의 고통은 해마다 늘어나고 남에게 위로받고 싶은 마음은 나날이 커지고 있습니다. 다른 사람들의 아픔에 대한 얘기를 기꺼이 들어줄 은혜야 어찌 바라겠습니까만 적어도 인내심을 갖고 참아줄 수 있도록 도와주소서.

제 기억력을 좋게 해주십사고 감히 청할 순 없사오나 제게 겸손한 마음을 주시어 제 기억이 다른 사람의 기억과 부딪힐 때 혹시나 하는 마음이 조금이나마 들게 하소서. 저도 가끔 틀릴 수 있다는 영광된 가르침을 주소서.

적당히 착하게 해주소서. 저는 성인까지 되고 싶진 않습니다만…… 어떤 성인들은 더불어 살기가 너무 어려우니까요……. 그렇더라도 심술궂은 늙은이는 그저 마귀의 자랑거리가 될 뿐입니다.

제 눈이 점점 어두워지는 건 어쩔 수 없겠지만 제게 뜻하지 않은 곳에서 선한 것을 보고 뜻밖의 사람에게서 좋은 재능을 발견하는 능력을 주소서. 그리고 그들에게 그것을 선뜻 말해줄 수 있는 아름다운 마음을 주소서."

제가 학생의 고민을 듣고 이 기도문을 떠올린 건 현실보다 꿈이 훨씬 강력하고, 어떤 어려움이 다가와도 희망이 있으면 극복할 수 있다는 사실을 믿기 때문이에요. 사춘기일수록 꿈과 희망은 더 중요해요. 아니 어쩌면 사춘기를 극복할 수 있는 유일한 해결책은 꿈과 희망인지도 몰라요. 확고한 꿈과 희망만 있다면, 그리고 삶의 목적과 가치관만 있다면 어떤 현실이라도, 어떤 환경이라도, 어떤 부정적 생각이라도 극복할 수 있으니까요.

수많은 산악인들이 죽을 위험을 무릅쓰고 에베레스트에 오르는 것은 '산이 거기에 있기 때문'이에요. 산이 없었다면 세계 역사상 수많은 영웅들은 탄생하지 않았을 거예요. 마찬가지로 만약 인간에게 사춘기가 없었다면 훌륭한 사람이 한 사람도 탄생하지 않았을 거예요. 그 관문이 쉽든 어렵든, 험난하든 평탄하든, 모두 사춘기라는 관문을 자기 방식대로 잘 극복하고 통과했기 때문에 영웅이 되고 스승이 되고 세계적인 위인이 될 수 있었던 거예요. 강한 쇠를 얻기 위해선 담금질을 많이 해야 한다고 하죠. 마찬가지로 혹독한 사춘기를 통과한 사람일수록 나중에 더 빛을 발하죠.

마음의 평화를 찾기 위해 학생은 우선 걷기 명상을 많이 했으면 좋겠어요. 틱낫한 스님이 설립한 프랑스 자두 마을에 가면 입구에 이런 말이 적혀 있어요.

'그대 발걸음마다 바람이 일고, 그대 발걸음마다 한 송이 꽃이 피네.'

인간의 영원한 고향은 바로 지금, 이 순간이에요. 바로 지금 이 순간 집으로 가는 길을 걷는 것, 학교 가는 길을 걷는 것, 산책길을 걷는 것, 장 보러 가는 길을 걷는 것이 행복이고 평화이고 나의 현전 (現前)이에요. 그게 바로 기적이에요. 기적이란 신비한 그 무엇이 아니에요. 내가 이렇게 존재해서 두 발로 이렇게 걸어 다니는 것, 그것 자체가 신비요 기적이에요. 이 세상에 불의의 사고나 병이나 선천성 장애 때문에 두 발로 걷지 못하는 사람이 얼마나 많은가요. 종합병원 응급실이나 중환자실에 가보면 내가 지금 이렇게 두 발로 걷고 있는 것이 얼마나 행복하고 신비하고 기적 같은 일인지 몰라요. 걷기 명상을 하다 보면 이렇게 내 안과 밖을 만날 수 있어요. 내 안과 밖이 만나는 지점에서 우리의 마음은 변화되고 치유되죠.

학생 한 사람을 통해 학생의 엄마와 가족은 물론 우리 모두가 평화롭고 행복할 수만 있다면, 학생의 인생은 이미 성공한 거예요. 반대로 학생 한 사람 때문에 한 지붕 한 처마 밑에 사는 사람은 물론, 주변 사람들 모두가 힘들어진다면 그 사람들과 평화와 행복을 나눌 수 없어요. 걷기 명상은 그 해법을 알려주죠.

명상이라는 말을 처음 들으면 어렵게 느껴질지도 모르겠어요. 그러나 걱정하지 않아도 돼요. 명상은 '지금 이 순간에 일어나고 있는 일을 자각하는 것'이에요. 내 몸 안에서, 느낌 안에서, 마음 안에서, 그리고 주변 환경과 세계 속에서 일어나고 있는 일들을 알아차리고 깨닫는 거예요.

삶은 두려움과 경이예요. 사춘기가 힘든 것은 이 두려움과 경이가 더 세게 부딪히기 때문이에요. 명상한다는 것은 그 둘 다를 만나는 것이죠. 명상을 하면 즐거운 일과 웃을 일이 많이 생기고 행복해지는 것은 그 때문이에요.

걷기 명상을 하기 위해 시간과 장소를 따로 마련할 필요는 없어요. 교실도 좋고 방 안도 좋고 복도도 좋고 운동장도 좋아요. 잠시 공부와 갖은 생각으로부터 해방돼 긴장을 풀고 휴식한다는 생각으로 미소를 머금고 고요히 숨을 쉬며 천천히 걸어보세요. 한 발 한 발 천천히 걸으면서 코로 들어오고 나가는 숨을 알아차리고 오른발 왼발 내딛는 발걸음을 알아차리며 걸으면 되는 거예요. 틱낫한 스님은 걷기 명상을 할 때 이 시를 떠올리면 더 좋다고 했어요.

숨을 들이쉬면서, 마음에는 평화
숨을 내쉬면서, 얼굴에는 미소
나는 느낀다, 내가 살아 숨 쉬는 지금 이 순간이
가장 경이로운 순간임을.

공부에 왕도는 없어요. 막고 품는 수밖에. 인생에도 황금률은 없어요. 지금 현재 이 순간을 사는 수밖에.

사춘기라는 가면을 쓰고 뒤로 숨으려고 하지 말고 당당히 앞으로 나서서 얼굴엔 미소를 머금고 마음속으로 평화의 숨을 쉬세요. 미소는 특히 나로 하여금 나의 주인이 되게 해준답니다. 웃는 얼굴에 침 못 뱉는다는 말도 있잖아요. 아무리 힘들고 어렵고 고통스럽더라도 얼굴에서 미소를 잃지 마세요. 어쩌면 그것이 사춘기를 극복하는 유일한 방법이에요.

깨끗한 마음을 가지면 지혜가 생길 것이요, 마음에 지혜가 생기면 곧 깨달음이 생길 것이다. _「불반니원경」

아무것도 생각나지 않고
그냥 죽고만 싶어요

———

저는 왜 살아야 하는지 이유를 모르겠어요. 이제 중학생인데
공부에 대한 압박감이 장난이 아니고, 부모님 잔소리도
듣기 싫어요. 공부를 못하는 게 아니에요.
언제나 전교 10등 안에는 들어요. 그런데도 성적이 조금만
떨어지면 부모님 잔소리가 정말 심해요. 부모님은 제 기분이나
고민은 생각지도 않고, 오로지 제가 공부기계가 되기를
바라는 것 같아요. 옛날부터 집안의 기대도 장난이 아니었어요.
부모님도 그렇고 친척들도 다 명문대를 나왔거든요.
그래선지 저한테도 명문대에 들어가야 한다고 벌써부터
강요하고, 어쩌다 등수가 하나만 떨어져도 제가
다 미안해질 정도로 집안 분위기가 심각해집니다.
마치 너 같은 애는 죽어야 된다고 말하는 것 같아요.
얼마 전까지는 저도 성적이 인생의 모든 것이라 믿었는데,
이제는 점점 지칩니다.
이렇게 살 바에는 차라리 그냥 죽어버리고 싶어요.

**때로는 마음의 강물이 흐르는 소리에
가만히 귀를 기울이세요.**

어쩌면 그건 본인의 문제가 아니라 부모님의 문제인 것 같아요. 이제 중학생밖에 안 된 자식에게 그렇게 심한 압박감을 준다는 것은 잔소리이기 이전에 부모의 욕심이거든요. 언제 한번 부모님을 모시고 제게 와요. 다시는 부모님이 학생에게 공부하라고 잔소리하지 못하게 바꾸어놓을게요. 그래도 오늘 이렇게 고민을 물어왔으니 답변을 해야겠죠. 고대 그리스의 유명한 철학자인 에픽테토스에 관한 이야기예요.

에픽테토스는 태어나면서부터 노예였어요. 어머니가 노예였기 때문이에요. 노예 생활에 길들여졌는지 아무리 화가 난 상황에서도 에픽테토스는 좀처럼 화를 내지 않았어요.
하루는 주인이 에픽테토스를 골려주려고 팔을 잡아 비틀었어요. 에픽테토스는 빙그레 웃으며 말했어요. "주인님! 그렇게 계속 비틀면 제 팔이 부러집니다."
주인은 심술이 나 더욱 세게 에픽테토스의 팔을 비틀었어요.

그래도 에픽테토스는 두 눈 하나 깜빡이지 않고 주인에게
더 이상 팔을 비틀지 말라며 웃었어요. 화를 참지 못한 주인
은 더더욱 세차게 에픽테토스의 팔을 비틀었어요. 그때 뚝
하고 에픽테토스의 팔이 부러졌어요. 그 순간 에픽테토스가
웃으며 다시 말했어요. "그것 보세요, 주인님. 계속 비틀면
제 팔이 부러진다고 하지 않았습니까?" 그 말을 들은 주인
은 에픽테토스 앞에 납작 엎드렸어요. 그런 뒤 용서를 빌고
에픽테토스의 제자가 되었어요.

재미있죠. 그러나 제가 정말로 말하고 싶은 건 이게 아니에요. 그의
제자가 된 사람들이 훗날 에픽테토스의 말을 모아 책을 만들었어요.
그 책이 바로 『에픽테토스』예요. 『에픽테토스』에 다음과 같은 어록이
나와요.

사람이 세상에 태어나서 할 수 있는 일과 할 수 없는 일이
있다.
할 수 있는 일은 제 마음을 바꾸는 일이요, 할 수 없는 일은
남의 마음을 바꾸는 일이다. 할 수 있는 일을 하는 사람은

지혜로운 사람이요, 할 수 없는 일을 하려고 하는 사람은 어리석은 사람이다.

젊은 날, 팔이 부러진 에픽테토스의 이야기와 함께 이 어록을 읽으면서 저는 많은 눈물을 흘렸어요. 나라면 과연 그 상황에 처했을 때 어땠을까? 더 이상 팔을 비틀지 말라고 주인에게 화를 냈을까? 아니면 맞받아서 주인의 팔을 비틀었을까? 힘들고 어려운 일이 있을 때마다 저는 에픽테토스의 이 어록을 마음속에 되새기며 고비를 헤쳐왔어요. 남을 바꾸는 일보다는 저를 바꾸는 일이 훨씬 쉬웠고, 할 수 없는 일을 하려는 것보다는 할 수 있는 일을 하는 것이 훨씬 쉬웠기 때문이에요.

에픽테토스의 이 어록은 지금도 제 수행 지침서가 되고 있어요. 어쩌면 이 어록 하나만 제대로 실천하고 살아도 살아 있는 부처가 될 수 있을지 몰라요. 세상의 모든 고통과 전쟁은 이해하기보다는 이해받고 싶어서, 사랑하기보다는 사랑받고 싶어서 생겨나요. 부처님께서 마음이 곧 부처라고 한 것도 그 때문이에요. 사실 괴로움과 즐거움은 마음 하나 차이이거든요.

어느 날, 지옥과 극락을 모두 다녀온 사내에게 사람들이 물었어요. "이보게. 지옥과 극락이 어떻게 다르던가?"

사내가 대답했어요. "별 차이가 없습니다. 극락에 사는 사람들도 똑같이 맛있는 음식을 차려 밥을 먹고, 지옥에 사는 사람들도 극락에 사는 사람들과 똑같이 맛있는 음식을 차려 놓고 밥을 먹더군요."

사람들이 다시 물었어요. "그래도 다른 점이 있지 않았겠는가? 모두 똑같다면 어떻게 극락이 있고 지옥이 있다고 할 수 있겠나?"

잠시 생각에 잠긴 사내가 입을 열었어요.

"딱 한 가지 다른 점이 있더군요. 두 곳 모두 다섯 자나 되는 숟가락과 젓가락을 사용해 밥을 먹는데 극락 사람들은 서로를 먹여주고, 지옥 사람들은 서로 제 입으로만 넣으려고 안간힘을 쓰더군요."

지옥과 극락의 차이는 백지 한 장 차이도 안 돼요. 사람의 마음도 마찬가지예요. 지금 학생의 마음은 분노가 꽉 짓눌려서 폭발하기 일보 직전이에요. 그게 터지면 어떤 상황이 벌어질지 몰라요. 학생의 말처럼 극단적인 사태가 벌어질 수도 있어요.

문제는 학생이 아무리 절규해도 부모님이 몰라준다는 거예요. 위험 신호를 자꾸 보내는데도 못 본 척 먼 산만 바라보고 있는 거죠. 하지만 부모님을 나무랄 순 없어요. 부모는 부모로서 생각이 있고, 욕심도 있기 때문이에요. 에픽테토스의 어록처럼 부모님의 마음을 학생이 바꿀 순 없어요. 오히려 학생의 마음을 바꾸는 것이 더 편하고 쉬워요. 그러기 위해서 먼저 해야 할 일은 학생의 마음에 가득 찬 분노를 정화하는 일이에요.

명상은 분노를 정화하는 데 좋아요. 명상 자체가 해방의 길이기 때문이죠. 그중에서도 권하고 싶은 것은 마음챙김 명상이에요. 마음챙김은 자각(自覺)을 말해요. 순간순간 자기 마음을 알아차리는 거예요. 지금 현재 이 순간을 판단하지 않고 주의를 기울일 때 순간순간 생겨나는 '그 무엇'을 알아차리는 거죠.

마음의 강물은 참 묘해요. 의도적으로 자신이 챙기고 있지 않으면 생각이라는 번뇌가 마음을 홍수처럼 점령해버려요. 그러나 의도적으로 자신의 마음을 챙기고 있으면 한없이 잔잔하고 고요해져요. 연습만 꾸준히 하면 우리 마음을 얼마든지 그렇게 만들 수 있어요. 마음챙김 명상 가운데서도 초보자가 제일 하기 쉬운 호흡 마음챙김 명상을 하면 좋겠어요.

그럼 이제 저와 함께 호흡 마음챙김 명상을 한번 해볼까요? 먼저 몸의 긴장을 푼 채 등받이가 곧은 의자나 방바닥에 놓인 방석 위에 앉

아 등을 곧게 펴고 머리는 반듯하게 앉으면 돼요. 누워서 해도 되지만 잠들 수 있기 때문에 가능한 한 앉아서 하는 것이 좋아요. 의자에 앉는다면 등받이에 등이 닿거나 발을 꼬지 않도록 하고, 방석에 앉는다면 방석 뒤쪽을 3분의 1 정도 접어서 자연스럽게 허리가 쭉 펴질 수 있도록 엉덩이 부분을 약간 높여주는 것이 좋아요. 눈은 감거나 반쯤 뜨세요. 처음 할 때는 콧잔등을 바라본다고 생각하고 눈을 살포시 감아보세요. 명상 도중 졸음이 오면 바로 눈을 뜨고요. 명상하는 동안은 다른 것에 방해받지 않도록 스마트폰은 물론이고 컴퓨터, 텔레비전을 모두 꺼놓아야 해요.

그런 상태에서 이제 호흡 마음챙김 명상에 들어가면 돼요. 호흡 마음챙김 명상의 핵심은 마음을 고요히 한 채 오직 호흡만 바라보고 알아차리는 거예요. 호흡을 할 때마다 몸 안으로 들어오고 나가는 숨의 느낌에 집중하세요. 공기가 들어오고 나가는 콧구멍과 콧구멍 끝이나 들숨과 날숨에 따라 가라앉고 일어나는 배에 집중한 채 그 느낌을 지속적으로 알아차리세요. 처음엔 어지러운 생각 때문에 호흡에 대한 알아차림을 지속하기 힘들 수도 있어요. 그러나 실망하지 않아도 돼요. 누구나 다 그러니까. 대신 생각이 다른 데 가 있을 때마다 즉시 호흡으로 되돌아와 콧구멍이나 배의 느낌을 계속 느끼고 알아차리면 돼요.

나는 내가 아니에요. 그러나 나는 '나'예요. 한 그루의 사과나무를

심는 심정으로 학생이 다음의 이야기 속에 나오는 '산닭'이 되길 바
랄게요.

인도의 한 지방에 있는 넓고 울창한 숲속에서 벌어진 일이
에요. 숲 속에는 수많은 짐승들이 대대로 번식하며 살고 있
었어요. 어느 날, 숲에 큰불이 났어요. 날짐승, 들짐승들은
자식을 데리고 날거나 뛰면서 달아나기 바빴어요. 하지만
어떤 산닭 한 마리가 도망갈 생각도 하지 않은 채 강과 숲
사이를 끊임없이 날아다니며 날개에 물을 묻혀 그 물로 불
을 끄고 있었어요. 천제석이 이 광경을 보고 물었어요.
"산닭아, 너는 지금 뭘 하고 있는 거냐?"
"불을 끄고 있어요."
"바보짓 그만하거라. 네 힘으로 어찌 저 사나운 불길을 잡
을 수 있겠느냐. 타 죽지 않고 살아나온 것만으로도 다행으
로 여겨라."
하지만 산닭은 그렇지 않다며 말했어요.
"이 숲은 나를 키워준 곳이에요. 수많은 친구와 친척, 그리고
그 집의 아이들이 이 숲을 믿고 살아왔어요. 그런데 저에게
힘이 남아 있는데 어떻게 모른 척해요. 나만 살겠다고 구경

우리도 하늘을 올려다보고 싶어요

하고 있을 수만은 없어요. 어떻게 해서든지 불을 꺼야 해요."

"그러면 네 작은 힘으로 언제쯤 돼야 불을 끌 수 있겠느냐?"

"죽을 때까지요." 주저하지 않고 산닭은 대답했어요.

지나간 일에 대해 근심하지 않고, 미래에 대해 집착하지 않는다. 현재에 얻어야 할 것만을 따라 바른 지혜로 온 힘을 다할 뿐, 다른 생각을 하지 않는다.

　　　　　　　　　　　　　　　　　　　　　　　　　　　　　　　ㅡ『잡아함경』

네
마음을
들어줘

1판 1쇄 인쇄 2015년 5월 21일 | 1판 1쇄 발행 2015년 6월 1일

지은이 승한
발행인 김재호 | **출판편집인 · 출판국장** 박태서 | **출판팀장** 이기숙

기획 · 편집 정홍재 | **아트디렉터 · 디자인** 김영화
마케팅 이정훈 · 정택구 · 박수진
펴낸곳 동아일보사 | **등록** 1968.11.9(1-75) | **주소** 서울시 서대문구 충정로 29(120-715)
마케팅 02-361-1030~3 | **팩스** 02-361-0979 | **편집** 02-361-1035
홈페이지 http://books.donga.com | **인쇄** 삼성문화인쇄

ISBN 979-11-85711-60-7 43180 | **값** 13,800원

여러분을 저자로 모십니다
독자 여러분의 원고를 기다리고 있습니다.
좋은 책이 될 기획 아이디어나 원고를 메일(bookpd@donga.com)로 보내주세요.